Bibliografische Information der Deutschen
Nationalbibliothek: Die Deutsche Nationalbibliothek
verzeichnet diese Publikation in der Deutschen
Nationalbibliografie; detaillierte bibliografische Daten
sind im Internet über www.dnb.de abrufbar.

© Christel Herrmann 2018
Herstellung und Verlag
BoD – Books on Demand, Norderstedt

ISBN   9783748166689

ALS

Amyotrophe Lateralsklerose

A	= Abwesenheit /Fehlen
myo	= Muskel
trophe	= Ernährung / Wachstum
Lateral	= seitliches (Rückenmark)
skleros	= Verhärtung des Bindegewebes

Vorwort

Ich heiße Christel Herrmann, bin 64 Jahre alt und habe vor 8 Jahren die Diagnose ALS erhalten. Eine nicht heilbare, fortschreitende und immer tödlich endende Erkrankung des Nervensystems.
Weitgehend unerforscht, aber in den letzten Jahren mehr bekannt geworden. Durch verschiedene Filme, die die Erkrankung zum Thema hatten.
Ein großes Vorbild ist der geniale Physiker Steven Hawking, der mehr als 50 Jahre mit dieser Erkrankung lebte und sich auch nicht von ihr unterkriegen ließ. Mit meinen Büchern, dieses ist das vierte, möchte ich versuchen, ein bisschen von meiner positiven Lebenseinstellung zu vermitteln. Zu zeigen, dass es zwar viel Disziplin und Willen kostet, sich aber in meinen Augen lohnt. Ich habe die Reaktionen meiner Mitmenschen sehr wohl registriert und manchmal tut das auch sehr weh, wenn sich Menschen zurückziehen oder gar abwenden. Aber ich bin aufgeschlossen und frei in meinen Entscheidungen! Denn ich habe mich frei gemacht von meinem Körper, frei gemacht im Kopf.
Zehn hoch achtundzwanzig, aus so vielen Atomen soll ein Mensch etwa bestehen. Aber er besteht aus viel mehr als der Summe seiner Einzelteile.

4.1.2017

Hurra, es ist geschafft. Das dritte Buch ist fertig. Diesmal wirklich alles mit den Augen geschrieben. Irgendwie ist bei mir ein wenig die Luft raus, jetzt wo das dritte Buch fertig ist. Ich bin müde aber glücklich. Es war viel Arbeit, die aber viel Freude gemacht hat. Ich hatte ein Ziel, eine sinnvolle Aufgabe. Das war immer wieder eine Antriebsfeder, mich nicht einfach hängen zu lassen. Jetzt ist es fertig und nun? Es ist ja eigentlich einfach - ich schreibe weiter. Wieviel es wird, werde ich ja sehen.

Es ist noch früh, kurz vor sechs und draußen ist es dunkel, ungemütlich, nass und kalt. Die Maske sitzt gut und ich bekomme gut Luft. Ich liege auf dem Rücken, die Beine hoch gelagert. Es ist muckelig warm und ich fühle mich richtig gut. Ich mache die Augen zu und träume.
Wir, Jürgen und ich, sind auf einem Tauchgang im Indischen Ozean. Warmes Wasser und klare Sicht, wir schwimmen ruhig nebeneinander her, schweben in zehn Meter Tiefe. Es ist nicht still unter Wasser. Es knackt, knistert, wispert. Unter uns liegen etwa 8 graue Riffhaie ganz ruhig nebeneinander in der Strömung. In etwa 20 Meter Tiefe liegt vor uns ein gut erhaltenes Schiffswrack. Wir umrunden es, tauchen aber nicht hinein, sondern schwimmen weiter Richtung Riff. Ein großer Schwarm silbrig glänzender Fische mit gelben Streifen zieht an uns vorbei. Ich strecke eine Hand aus und die Fische teilen sich und schwimmen um die Hand herum. Faszinierend. Wir schwimmen mitten hinein, der Schwarm teilt sich und wir sind plötzlich ein Teil der wimmelnden Masse.

Ich träume mich weiter durch diese faszinierende bunte Unterwasserwelt, schwebe fast schwerelos durch das warme klare Wasser.

Aber dann muss ich auftauchen aus meinen Träumen und wieder in der Wirklichkeit ankommen. Raus aus dem Bett und ab unter die Dusche.

Heute ist ein guter Tag!

Januar, Februar 2017

Zeitung

Die ersten Monate dieses Jahres bringen viel Spannendes. Da sind zunächst einmal die Reaktionen auf mein neues Buch. Es freut mich, dass ich offensichtlich die Menschen mit meinen Innensichten erreichen kann und sie berühre. Vor allem aber werbe ich um Verständnis für die Nöte der Pflegenden, denn die werden fast immer übersehen und nicht verstanden. Ich denke, ich kann zumindest dazu beitragen, dass der Eine oder Andere mal über sich und seine Einstellung nachdenkt.

Ein Zeitungsbericht hat dazu beigetragen, mich und meine Gedanken bekannter zu machen. Ein Reporter macht einen Termin mit uns aus, nachdem er sich über mich und meine Ideen informiert hat. Wir treffen uns am frühen Nachmittag bei mir im Zimmer - der Reporter, Jürgen und ich.
Ich habe mich nicht weiter vorbereitet, nur ein paar allgemeine Informationen aufgeschrieben. Außerdem ist ja Jürgen hier und er ist ja oft mein Sprachrohr. Das Interview ist spannend und der Reporter stellt wichtige Fragen, ist wirklich interessiert und scheint richtig einzutauchen in meinen Kopf.

Fast zwei Stunden dauert das Frage- und Antwortspiel. Nein, ein Spiel ist das eigentlich nicht, vielmehr ein eindrückliches Informationsgespräch, bei dem der Reporter sehr nachdenklich wird .
Ich bin ganz gespannt auf den Artikel. Ein paar Zeilen im Lokalteil, denke ich. Aber es erscheint ein langer Bericht mit einem Bild in dem überregionalen Teil. Das heißt, in jeder Ausgabe der Zeitung erscheint der Bericht in der Wochenendausgabe der WN; am Montag darauf auch in einer Osnabrücker Zeitung, der NOZ

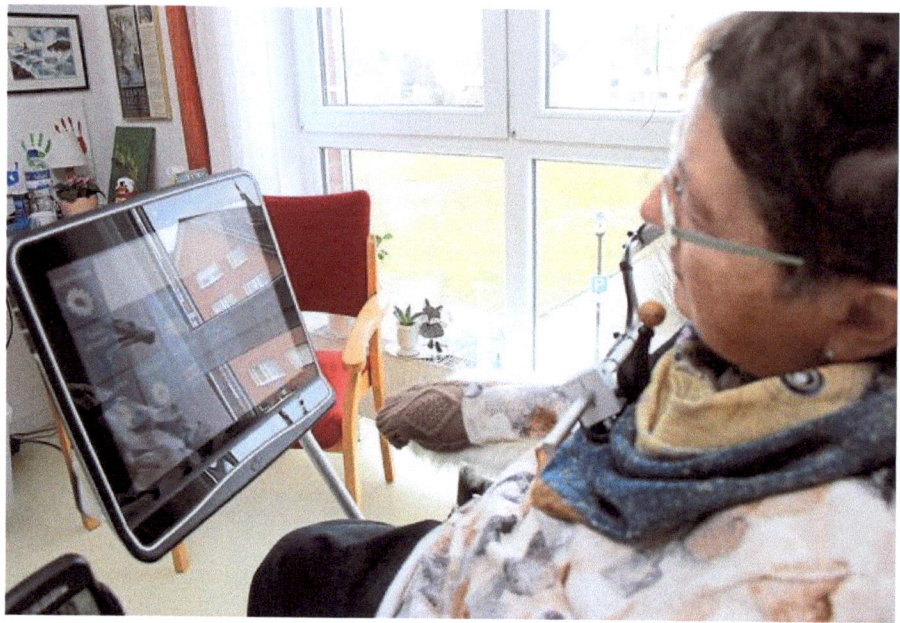

Christel Herrmann trotzt ALS „Ich werde mich nicht aufgeben"
Der Computerbildschirm ist für Christel Herrmann das Fenster in die weite Welt.
Mit ihren Augen steuert sie den PC, der kleine runde Knopf vor ihrem Kinn dient
ihr als Steuerung für den elektrischen Rollstuhl.

Foto: Michael Baar

Lengerich

Von Michael Baar

Als sie die Diagnose ALS erhielt, haben Christel Herrmann und ihr Mann Jürgen drauflos geheult. „Ich werde mich nicht aufgeben", hat die heute 62-Jährige dann beschlossen. Über sechs Jahre ist das her. Gerade hat sie ihr drittes Buch geschrieben. Am PC mittels Augensteuerung. Hoffnungslos auf die Hilfe anderer Menschen angewiesen sein, nur noch stammeln können, gefüttert werden, fast unbeweglich an einen Rollstuhl gefesselt sein. Das ist der Alltag von Christel Herrmann. Den Kopf hängen lassen, aufgeben? Nichts liegt der 62-Jährigen ferner. „Auch nach sechs Jahren ist mein Leben noch bunt." Das steht auf dem Titel ihres inzwischen dritten Buches. Geschrieben mit den Augen. Ohne moderne Technik wäre das nicht möglich. „Meine Frau kommuniziert im Internet, schreibt E-Mails, ist in sozialen Medien unterwegs", erzählt Jürgen Herrmann. Der Stolz auf diese Leistung ist ihm anzusehen. Der Weg dorthin war weit – wie er gemeinsam mit seiner Frau erzählt.

„Das ist doch kein Leben? Ich kann Musik hören, lesen, denken, fernsehen, schreiben und vieles mehr." Der Satz steht etwas überraschend im Raum. Auf Christel Herrmanns Gesicht zeigt sich ein Lächeln. Der Computer hat ihre Gedanken in Worte umgewandelt und ausgesprochen. „Über „Tobi" kann sie alles steuern", lächelt Jürgen Herrmann. „Tobi", das ist der Computer. Den Namen hat das Ehepaar vom Hersteller abgeleitet.

Ihren Ruhestand hatten sich die beiden anders vorgestellt. „Wir wollten reisen." 2010 steht die Welt für sie plötzlich auf dem Kopf. Bei Christel Herrmann wird ALS diagnostiziert. Amyotrophe Lateralsklerose. Eine seltene Nerven-Krankheit, nicht heilbar. Allenfalls die Symptome können gelindert werden. Drei bis fünf Jahre, länger werde das Leben nicht mehr dauern.

Seltene Krankheit
Die Amyotrophe Lateralsklerose (ALS) ist eine nicht heilbare degenerative Erkrankung des motorischen Nervensystems. Dabei kommt es laut Wikipedia zu einer fortschreitenden und irreversiblen Schädigung oder Degeneration der Nervenzellen (Neuronen), die für die Muskelbewegungen verantwortlich sind. ALS tritt weltweit auf, ist aber eine seltene Erkrankung. Von 100 000 Menschen erkranken pro Jahr ein bis drei neu an ALS.

Das Ehepaar hat geheult, als die Diagnose gestellt war. Doch dann haben sie die Sache gemeinsam in Angriff genommen. „Ich habe dabei viel falsch gemacht", blickt Jürgen Herrmann zurück. Er habe seine Frau zum Training angetrieben, um die Muskeln zu stärken. „Das war genau das Falsche", weiß er. Eine Ärztin *machte ihm unmissverständlich klar, was er damit anrichte: Substanz wird vernichtet statt gestärkt.*

Heute kann das Ehepaar darüber lachen. Sie wissen ALS zu nehmen, als Betroffene und als Angehöriger. Und Christel Herrmann hat dabei auch gelernt, ihren Willen durchzusetzen. Zum Wohl ihres Mannes, auch wenn der das zunächst nicht so gesehen hat.

Jürgen Herrmann hat nicht nur seiner Frau geholfen. Seine demente Mutter hat er, ebenso wie seinen Vater, bis zuletzt gepflegt. Alles im Haus des Ehepaares. Zeitweise hat der heute 69-Jährige nur noch wie ein Automat funktioniert. Die Quittung blieb nicht aus.

„Ich musste zur Reha, meine Frau ist deshalb ins Seniorenzentrum Gempt gezogen, vorübergehend", erinnert er sich. Die Ankunft in der Kurklinik verlief anders, als es sich der Lengericher vorgestellt hatte. Schon bei der Eingangsuntersuchung wurde er ins Nebenzimmer geführt, ein Arzt geholt – „Der sagte mir dann, dass sie gerade noch einen Herzinfarkt verhindern könnten."

Nach zweieinhalb Wochen hält es Jürgen Herrmann nicht mehr aus. „Es war ein Sonntag, ich hatte morgens und abends einen Termin in der Klinik. Da bin ich dann raus und zu meiner Frau gefahren." Die sieht ihn und schreibt ihm später eine E-Mail: „Ich bleibe hier." (Anmerkung: im Senioren-Zentrum-Gempt) Eine Entscheidung, „die ich nicht hätte treffen können", sagt Jürgen Herrmann mit belegter Stimme.

Knapp eineinhalb Jahre später wissen beide, dass die 62-Jährige richtig entschieden hat. „Der Dauerstress für mich ist gewichen." Was sich im Lauf der Jahre vertieft hat, ist die intensive Bindung zwischen den beiden. „Ich spüre, wenn sie Not hat, beispielsweise wenn sie husten muss", beschreibt es Jürgen Herrmann.

Aufgeben? Nachdem sich der Nebel nach der Diagnose gelichtet hatte, steht für Christel Herrmann fest: „Ich werde mich nicht aufgeben." Sie schreibt ihre Gedanken auf, über Jahre. Im Seniorenzentrum Gempt liest eine Pflegerin das Geschriebene. Deren spontane Reaktion: Damit können sie anderen helfen. So entsteht das erste Buch:

„ALS sie mich traf – Das Leben mit einer erschreckenden Krankheit".

Auch die nächsten beiden Bücher :

„ALS – Die Krankheit schreitet weiter fort, doch ich lebe!" und
„ALS – Auch nach sechs Jahren ist mein Leben noch bunt" –

gibt das Ehepaar im Selbstverlag heraus. Die Reaktionen von Betroffenen und Angehörigen bestätigen sie darin, auf dem richtigen Weg zu sein.

Wie Christel Herrmann so in ihrem Rollstuhl sitzt, ist die von ihr ausgehende Lebensfreude fast spürbar. Sie nimmt das Leben so an, wie es ist. Auch Kranken und Behinderten kann das Leben Freude machen. Dafür ist sie der lebende Beweis. „Sie hat mir die Augen geöffnet, um die Welt wahrzunehmen." Worte ihres Mannes, die wie eine Liebeserklärung klingen.

Westfälische Nachrichten - Alle Rechte vorbehalten 2017

Schon kurze Zeit nach Erscheinen der Zeitung kommt es zu Reaktionen von den Menschen um mich herum und von weiter her. Freunde, Verwandte, Bekannte, die Mitbewohner und auch vollkommen Fremde. "Ist das nicht die aus der Zeitung? " höre ich dann schon mal auf dem Weg durch die Stadt. Und ich, nein wir, werden offen angestarrt. Aber das macht uns schon lange nichts mehr aus.

Wir werden aber auch nett angesprochen, uns wird im übertragenen Sinn auf die Schulter geklopft, aber auch wirklich. E-Mails erreichen mich, Besucher kommen und ich höre Gespräche im Speisesaal, denn mein Gehör ist immer noch gut. Diese bringen mich zum Schmunzeln.

Routine

Routine ist wichtig für mich. Sie gibt mir Sicherheit und ein gewisses Gefühl von Geborgenheit. Am Abend, wenn ich die Atemmaske aufhabe und ich den ersten tiefen Atemzug nehmen kann, überkommt mich regelrecht ein Glücksgefühl. Ohne Anstrengung atmen zu können und dann relativ bequem und warm im Bett zu liegen, ist einfach nur schön. Einatmen, ausatmen, einatmen, ausatmen....

Ich bin wieder aus der Uni-Klinik-Münster zurück. Dieses Mal bin ich mit sehr gemischten Gefühlen gefahren, wollte man mich doch auf die Intensivstation verfrachten. Das hat mir regelrecht Bauchweh gemacht - meine Galle hat sich öfter gemeldet. Aua. Aber es war doch kein Platz frei und so konnte ich auf der Neurologie-Station bleiben. Hier kennt man mich und das macht es etwas einfacher. Trotzdem ist es immer anstrengend. Aber wenigstens sind die Werte erfreulich stabil und ich darf nach nur einer Nacht wieder nach Hause.
Die Zeit vorher war auch spannend und positiv anstrengend. (Deshalb konnte ich auch kaum schreiben, weil die Augen Wandertag machten und die Buchstaben nicht fixieren wollten.)

Erst die Veröffentlichung vom Buch, das Interview für die Zeitung und die Reaktionen auf den Artikel. Da gab es viel Besuch und auch viele Gespräche hier im Heim oder unterwegs bei Spazierfahrten.

9.1.2017

Das erste Sonnenbad in diesem Jahr war herrlich. Mittwochmittag bin ich selber in den Garten gefahren, habe zwei Stunden in der Sonne gesessen und habe aufgetankt. Das schaffe ich also noch - alleine in den Garten zu fahren und wieder zurück. Dank der Kinnsteuerung. Ein kleines Stück Freiheit.

Januar bis Dezember 2017

Langeweile - gibt es nicht. Ich muss immer mal wieder etwas aufschreiben, um gehört zu werden und um Hinweise zu geben, damit der Umgang mit mir einfacher wird. Hier eine kleine Auswahl.

Wenn in der Nacht die Maske verrutscht, muss sie komplett vom Kopf genommen werden. Die Haltebänder rutschen nämlich nach unten und können die Maske nicht mehr richtig halten. Also lieber die etwas umständlichere Methode wählen und die Maske komplett abnehmen und wieder aufsetzen. Dann gibt es weniger Ärger mit pfeifender Luft und für alle eine ruhigere Nacht.

Atemmaske richtig aufsetzen.

Zuerst die Maske auf das Gesicht aufsetzen, und zwar gerade von vorne etwas hoch an der Nase ansetzend. Dabei aber auf keinen Fall mit den Fingern irgendwo nachdrücken. Das Silikon muss sich von allein anschmiegen. Nach meiner Entscheidung, dass sie richtig sitzt, fest andrücken. Manchmal kann ich nicht mal genau sagen, wo sie nicht richtig sitzt, nur dass sie nicht richtig sitzt. Festhalten und dann die Bänder über den Kopf ziehen und dabei die Maske weiter angedrückt halten. Dann die beiden Verschlüsse schließen. Gerät starten. Beim Drehen ins Bett auf den Schlauch achten, dass der nicht langgezogen wird und die Maske verschiebt. Wenn es nicht beim ersten Mal klappt, ganz von vorne starten. Ich habe Geduld, aber wenig Luft. Ich kann ja ohnehin nicht antworten.

Ich kann noch stehen, meine Beine tragen mich also noch. Nur das Gleich-gewicht kann ich selber nicht mehr halten. Es ist also nicht notwendig, mein Gewicht zu halten, das machen meine Beine. Also hauptsächlich aufpassen, dass ich nicht nach hinten oder vorne kippe. Das ist weniger anstrengend und besser für den Rücken der Pfleger.

Ja, jeder hat seine Methode, mich in den Rollstuhl zu setzen. Eine Methode ist - sie stellen sich frontal vor mich, wenn ich auf der Kante sitze, legen ihre Hände auf meine Schultern und ziehen mich an den Schultern zu sich nach vorne. Gleichzeitig drücke ich mich mit den Beinen nach oben. Vielleicht landen sie halb auf mir - macht nix, ich sitze im Rollstuhl.

Meine Erkrankung ist fortschreitend und verändert meine Möglichkeiten ständig. Was ich also letzte Woche noch konnte, kann ich in der folgenden Woche vielleicht nicht mehr. Das spontan zu erklären, geht aus bekannten Gründen nicht.
Die Halsmuskulatur nimmt zwar ab, aber wenn ich ab und zu die Halskrause benutze, erholt sie sich wieder.
Die Rückenlehne hat jetzt eine maximale Neigung, die mich nicht mehr in Bedrängnis bringt. Der Kopf muss beim Richten vom Kopfkissen angehoben werden. Zieht man einfach nur am Kissen, wird der Kopf mitbewegt.

Bitte die Schultern zudecken und die Decke unten dicht an die Füße.

Wichtige Information!

Bei den niedrigen Temperaturen, die jetzt beginnen, bildet sich Kondenswasser im Beatmungsschlauch. Das hört man meist an einem gurgelnden Geräusch. Oder wenn ich es sage. Dann muss das Atemgerät ausgeschaltet werden, der Schlauch am Wasserbehälter abgezogen und nach unten zum Fußboden das Wasser rausgelassen werden. Schlauch wieder auf-stecken und das Gerät wieder einschalten. Fertig. Wird das nicht gemacht, kann ich schlimmstenfalls ertrinken!!! wenn das Wasser bis in die Maske steigt. Keine angenehme Vorstellung. Deshalb: Das ernst nehmen!

Danke!

Manchmal kann ich meine Atmung nicht ganz kontrollieren und Luft strömt an der Stimmritze entlang und erzeugt einen Ton. Das hat nichts zu sagen. Sie könnten aber schon fragen: Ist alles in Ordnung? .... Fertig.

Der Katheterbeutel wird unmittelbar hinter dem Ventil getrennt. Bajonett-verschluss heißt, eine halbe Drehung und auseinander ziehen. Das blaue Übergangsstück bleibt am Beutel.

Schraube lockern. Den Arm etwas anheben und dann zur Seite schwenken. Schraube andrehen. Zurück das gleiche, nur umgekehrt. Arm nach dem Einrasten leicht nach hinten ziehen, bis man einen Widerstand spürt. Schraube anziehen. Fertig.

Nichts für ungut.

Am Abend habe ich keine Kraft mehr, sitze auf der Bettkante, kann den Kopf nicht mehr lange hochhalten und der Rücken wird krumm. Es nützt also nichts, mich aufzufordern, den Kopf zu heben oder gerade zu halten ----.

Fragen kann ich nicht mehr verständlich beantworten. Das Aufsetzen der Maske habe ich schon erklärt. Manchmal braucht es einfach mehrere Versuche, ohne dass ich genau erklären könnte, was nicht richtig ist. Also nicht verzagen.
Liege ich dann erst einmal auf der Seite, muss ich mich erst einmal sortieren - rechte Hand auf den linken Arm, Beine anwinkeln. Also nicht dauernd an mir herumziehen…. mir also etwas Zeit geben.

Brillenputztuch kann nach der Brille gut für den Computer genommen werden.

Die Hände im Bett ausgestreckt hinlegen. Auch den Daumen raus.

Auch mein Computer läuft nur mit Strom. Nimmt man beide Akkus gleichzeitig raus, ist nix mehr mit Strom. Also erst einen Akku raus und durch einen vollen ersetzen, dann den anderen. Der Computer ist dann nicht abgestürzt und man kann gleich weitermachen

Das war ein bescheidener Morgen. Wenn zwischen Wasser geben und Aufstehen so lange Zeit vergeht, zumal wenn die Maske verrutscht ist und ich nicht genug Luft bekomme, dann geht das einfach nicht. Ich bin dann für den ganzen Tag geschafft.

Ich möchte nicht einfach geduzt werden. Ist nicht böse gemeint, aber ich mag das nicht. Ich duze mich nicht so schnell. Und Zigaretten sind mir ein Graus und nehmen mir die Luft. Ich kann den Zigarettenatem einfach nicht haben, da ich dann husten muss und was ich äußerst unangenehm empfinde. Beim Zähneputzen kommen sie mir sehr nahe und ich kann dann nicht atmen, zumal die Finger natürlich auch sehr nach Zigaretten riechen.

Das war eine kleine Auswahl

Bandnudelsalat

Ich bekomme neben dem pürierten Obst am Morgen auch Breikost abends. Das schmeckt meistens recht gut. Aber manchmal ist die Konsistenz wie Kleister im Mund - und schmeckt dann auch so. Ich esse sehr gerne Nudeln und das geht auch immer noch ganz gut. Ich äußere also gegen- über dem Pflegepersonal den Wunsch, alle paar Tage eine Portion Nudeln mit Soße essen zu wollen. Es kommen Nudeln - püriert! Reicht die Phantasie aus? Eine klebrige Masse, die ich wirklich nicht essen kann. Ich habe es versucht! Wir bleiben am Ball. Friederike telefoniert immer wieder mal mit der Küche.
Erst passiert nichts und dann kommt nach ein paar Tagen die Nachricht aus der Küche, dass die von mir gewünschten Bandnudeln bei Schluckstörungen nicht zu verantworten wäre. Tja, inzwischen ist fast alles in meinem Leben ein Risiko. Also ohne Risiko ist es todlangweilig. Deshalb bestehe ich auf meinem Wunsch und dann kommt Friederike ein paar Tage später mit einem Beratungsbogen zu mir, um mich über die besonderen Gefahren, die beim Verzehr von Bandnudeln bestehen, aufzuklären.

Ich muss lachen. Natürlich weiß ich, dass jede Art von Essen Gefahren bei mir mit sich bringt. So lasse ich mich darüber aufklären, dass ich mich verschlucken könnte. Welche Erkenntnis!
Was ich dann später erfahre ist, dass mein Wunsch nach Nudeln eine Konferenz verursacht hat. Die Küche wollte die Nudeln nicht verantworten und hat die Heimleitung eingeschaltet. Das hat dann eine „Bandnudelkonferenz" verursacht. Daran nahmen teil die Küchenleitung, Heimleitung, Pflegedienstleitung und ich weiß nicht wer noch. Ergebnis war der Beratungsbogen, mit dem Friederike zu mir geschickt wurde und den mein Mann dann unterschreiben musste.
Aber es ist ja wirklich heute so, dass es kaum Eigenverantwortung gibt. Früher ist man einfach ausgerutscht, ist hingefallen und hat sich den Arm gebrochen. Pech. Da passt man in Zukunft wohl besser auf.
Heute wird doch gleich nach einem Schuldigen gesucht. Da ist der Schuhhersteller, der eine zu rutschige Sohle verwendet hat, oder kann man nicht den Fußbodenhersteller verantwortlich machen?

Eigenverantwortung?

Fehlanzeige! Es ist also auch verständlich, dass sich die Leitung rückversichern möchte. Trotzdem finde ich diese Episode einfach zum Quietschen.

Übrigens, die Nudeln mit Soße schmecken einfach nur lecker! Wie esse ich jetzt eigentlich? Wie immer - als wichtigste Zutat - Konzentration. So nebenbei geht es nicht.

Meine Zunge lässt sich kaum noch kontrollieren. Ich kann auch niemandem eben diese herausstrecken. Es fühlt sich an, als ob sie kürzer geworden ist und sich einrollt. Sie ist wohl schon mal in Rente gegangen. Mit so einer Zunge lässt sich das Essen nicht vernünftig im Mund bewegen. Ich lasse also den Speisebrei vorne in die Vertiefung hinter die Schneidezähne fließen und sauge ihn dann vorsichtig über die Zunge weiter nach hinten. Aber ganz vorsichtig, damit nichts zu tief rutscht und in die Lunge gelangen kann. Ist genug hinten, sage ich dem Körper, dass er nun schlucken muss. Das gelingt, wenn auch oft nicht sofort. Ich mache sozusagen Trockenübungen. Mein Mund macht Kaubewegungen und dann gelingt es mir zu schlucken. Meist hörbar laut und etwas läuft mir aus dem linken Mundwinkel. Damit muss mein Gegenüber leben.

Etwas anders geht das mit den berühmt berüchtigten Bandnudeln. Die rutschen nämlich schön über die Zunge und schmecken durch die Soße einfach nur lecker. Ich muss nur den richtigen Zeitpunkt abpassen, um sie zu schlucken. Aber ich gehe das Wagnis "essen" immer wieder ein, um das Gefühl dafür nicht ganz zu verlieren. Aber vor allem wegen des Geschmacks und um die Mundflora gesund zu erhalten. Denn Pilze sollen im Wald und nicht in meinem Mund wachsen.
Aber Flüssigkeiten kann ich so nicht bewältigen. Die kann ich einfach nicht genügend kontrollieren, um sie sicher schlucken zu können. Das passiert ab und zu mit dem Speichel, an dem ich mich auch schon mal verschlucke. Dann schreibe ich auch hinterher mal so etwas.
Ich hatte mich sehr heftig verschluckt und keine Luft bekommen. Das war sehr anstrengend und auch beängstigend und erfordert Konzentration. Ich muss es aushalten. Locker bleiben und darauf warten, dass die Verkrampfung sich löst. Da kann ich auch nicht gleich wieder schreiben, weil die Augen unruhig hin und her wandern.

Weinen.

Ich habe auch mal einen schlechten Tag und stehe dann nahe am Wasser und ein Tropfen hat das Fass zum Überlaufen gebracht.
Ich habe sofort gesehen, dass etwas verstellt war, so wie der Computer in der Halterung saß. Der Computer ist meine einzige Möglichkeit zur Kommunikation. Wenn ich etwas gefragt werde, kann ich nicht antworten, denn ich kann nicht sprechen. Dann immer weiter zu fragen, zeigt mir meine Hilflosigkeit. Ich kann das Weinen dann nicht mehr kontrollieren. Wohl höre ich das Unausgesprochene - mein Gott, was hat die denn nun wieder? - und die Ungeduld. Ich würde auch gerne alles allein machen, aber die Krankheit hat meinen Körper im Griff. Nicht aber meinen Kopf, was die Sache manchmal einfacher, aber bei solchen Gelegenheiten schwerer macht.   Verständlich?

Endlich, endlich ein Lichtblick. Der Frühling hat schon etwas um die Ecke geschaut und ich kann wieder auftanken. Ein windgeschütztes Eckchen im Garten und schon sitze ich in der Sonne und mir fehlt nichts mehr. Jetzt ist auch wieder das Schild an der Tür, das darauf hinweist, dass noch jemand, nämlich ich, noch draußen sein könnte. Rein und raus kann ich selber fahren, nur die Tür bekomme ich nicht auf. Die Kinnsteuerung ist super für mich.

Mein Zimmer geht ja nach Westen und die Abendsonne ist besonders schön. Und einige Orchideen stehen am Fenster.
Jetzt muss ich gleich zum Zahnarzt aber nur zur Kontrolle und Zahnreinigung und dann ab in die Sonne.

Ins Schlaflabor muss ich erst wieder im November, weil meine Werte so lange so stabil waren. Ist doch auch mal etwas. Ach du meine Güte, schon wieder Freitag. Wo ist denn nur die Woche geblieben? Es war doch gerade erst Montag. Aber ich muss mir auch immer wieder Pausen gönnen, einfach lange Zeit durchschreiben oder am Computer arbeiten geht nicht. Dann braucht mein Körper viel Energie, um mir das Gefühl von etwas Wärme zu geben. Eingepackt in Decke und Schal friere ich doch trotzdem oft. Aber wenigstens ist der dauernde Husten weg und ich habe nur ab und an eine Niesattacke. Aber das ist nicht so quälend wie die Husterei. Mir geht es also eigentlich ganz gut. Bin ja schließlich auch erst 62, also ein junger Hüpfer im Vergleich zu den meisten meiner Mitbewohner

Schlechte Tage - gute Tage

Wieder ist viel Zeit vergangen und meine Uhr tickt unüberhörbar. Zwar versuche ich, mich zusammen zu reißen, aber eine schlechte Nacht, wie die letzte, und der Hustenanfall heute früh, bei dem ich gefühlt Unmengen von Schleim ausgespuckt habe und mir dabei auch noch heftig auf die Zunge gebissen habe, dass es heftig blutete, das macht mir sehr zu schaffen. Ich bin dann so unendlich müde, dass ich kaum die Augen aufhalten kann. Es gibt aber auch noch gute Tage. Da habe ich gut geschlafen und das Wetter ist schön. Aber alles ist immer anstrengend.

03.2017

Ich habe gerade etwas geschrieben und da ist der Schlauch vom Katheter abgegangen. Ergebnis - Hose nass, umziehen. Anstrengend. C'est la vie. Ich lasse mir die Laune nicht vermiesen.
Aber ich habe dieses kalte und dunkle Wetter so satt. Ich bin einfach hungrig auf die Sonne, Wärme und die Luft. Grrrrr. Zittere ich mich eben erst einmal warm.
Ich kann wieder besser schreiben, denn die Augen haben nicht mehr so oft Wandertag. Zwischendurch höre ich Musik oder träume etwas vor mich hin.

Abendpflege

Warum gegen 19 Uhr die Abendpflege erfolgen soll.

Nach zehn, zwölf Stunden im Rollstuhl ist es wichtig, den Kreislauf in Schwung zu bringen, Muskeln Sehnen und Bänder zu dehnen und zu strecken, die Gelenke zu bewegen.
Meine Koordination muss immer wieder angeregt werden damit der Körper nicht alles vergisst was ja bei A L S durch die defekten Nervenbahnen viel zu schnell passiert. Das alles erfolgt beim Umsetzen und Transfer.
Speisereste, die sich immer nach dem Abendessen in den Wangentaschen und zwischen den Zähnen befinden, müssen entfernt werden. Das ist sonst nicht nur unangenehm sondern kann auch beim Atmen in die Lunge gelangen. Das ist äußerst ungesund.
Um diese Zeit etwas ausgelüftet und erfrischt zu werden - sehr angenehm und nötig.

Noch ein paar Stunden bequem und eingewickelt in eine Decke entspannt die Zeit zu verbringen, ist gut für Körper, Geist und Seele. Nichts drückt oder engt mehr ein, ich kann mich gemütlich ausstrecken.

Zu der Zeit, zu der ich zu Bett gehe, bin ich wirklich müde und meine Konzentration reicht nicht mehr für die komplette Abendpflege. Die Nacht-wachen sind zum Teil sehr selten bei mir und nicht vertraut mit meiner jeweiligen Pflegesituation. Durch das Fortschreiten der Krankheit sind meine Möglichkeiten nicht immer gleich stabil. Ist zu schwierig für mich.
Ein gewichtiger Grund - ich will das nicht!

Auch wenn ich - wie oft im Jahr; drei, vier oder fünf Mal? - die Kraft habe und ein Konzert oder eine Familienfeier besuchen kann, so ist das kein Indiz für meine Möglichkeiten, täglich über solche Kraftreserven zu verfügen.
Einerseits muss ich meinen Körper jeden Tag dazu anhalten, sich zu bewegen, damit er nicht alles vergisst. Zum anderen muss ich mit meinen wenigen Kräften sparsam umgehen, die ich ja nicht mehr wieder aufbauen kann.

Anfang 2017 bis Juni

Eine interessante Mitarbeit

Anfang des Jahres lerne ich eine interessante Frau kennen. Hier in der Einrichtung werden regelmäßig Fortbildungen für die Mitarbeiter angeboten. Unter anderem in Kinaesthetics.
Kinaesthetics heißt so viel wie Bewegungswahrnehmung und ist eine Art, wie man seine eigene Bewegung in Alltagsaktivitäten erforschen oder genauer untersuchen kann. Die meisten Bewegungen tun wir, ohne darüber nachzudenken. Kinaesthetics beschäftigt sich mit der Erfahrung meiner Bewegungen und somit mit der Frage „ wie funktioniere ich, wenn ich mich in einer Alltagsaktivität bewege, z.B. drehen im Bett, aufstehen an- und ausziehen oder essen.

Dabei geht es weniger darum zu verstehen, was man tut, sondern welche Auswirkungen meine Bewegung und mein Verhalten darin für meine eigene Gesundheit hat. Kinaesthetics ist ein Konzept, was die Absicht hat, dass Menschen sich, egal was sie tun, als selbstwirksam erfahren. Pflegende können ihr Handeln überprüfen, ob ihre Unterstützung dem Anderen hilft, dass er sich beteiligen kann und welche Auswirkungen ihre Art der Unterstützung auf ihre eigene Gesundheit hat. Rückenleiden kommen nämlich nicht daher, dass man viel Gewicht tragen muss, sondern durch die Art und Weise, wie ich mich mit dem Gewicht bewege. Es ist also ein Instrument, was mir hilft, die Unter-schiede, die ich merke zu verstehen und kann somit eine Entscheidung treffen, wie es anders geht. Somit entsteht eine Vielfalt an Möglichkeiten, zwischen denen ich wählen kann.

Eine Trainerin für besondere Pflegetechniken erarbeitet jetzt noch einen Artikel für eine Fachzeitung, bei dem ich mithelfen darf.

Spannend.

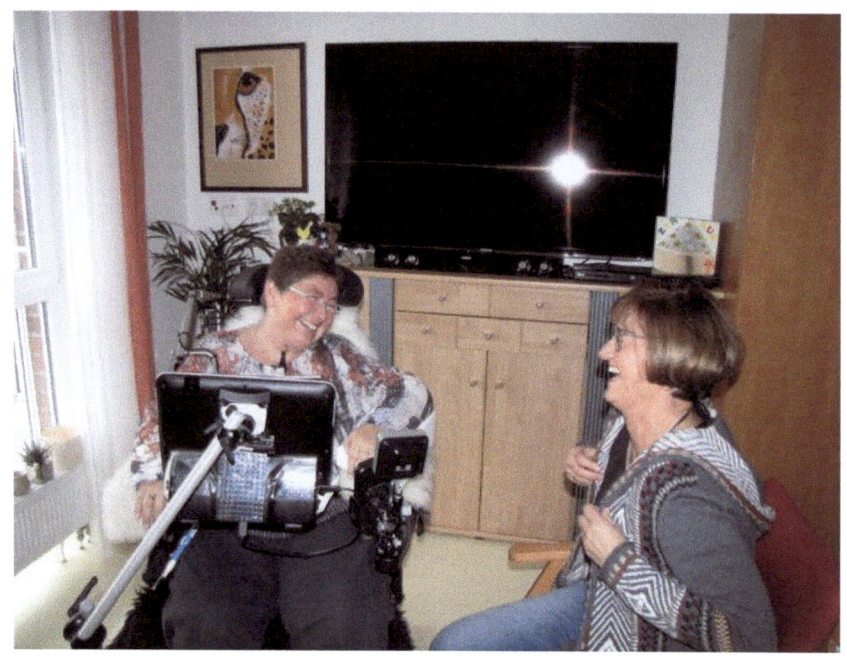

Sabine Siemann, Christel Herrmann

Die Trainerin heißt Sabine Siemann. Einige Zeit nach so einem Kurs kommt sie noch mehrfach in die Einrichtung. Dann kann sie Fragen, die sich bei der Pflege aufgetan haben oder bei der Umsetzung der Technik bei besonderen Situationen noch einmal beraten oder selber zeigen.

Bei so einer Gelegenheit lernen wir uns kennen. Morgens ist sie schon da, um bei meiner Pflege zuzusehen. Friederike hat um Rat gefragt, denn sie hat viel mit meiner Pflege zu tun. Und die ist eben nicht so alltäglich.

Frau Siemann ist mir sehr sympathisch und bei einem Gespräch im Anschluss erzählt sie mir, dass sie schon ganz gespannt auf mich war. Friederike und auch andere Pfleger hatten von mir erzählt und sie neugierig gemacht.

Von da an gehen viele Mails hin und her und wir treffen uns auch zu einem längeren Gespräch. Bei diesem Gedankenaustausch fragt sie, ob ich mir eine Mitarbeit an einem Artikel in der Zeitschrift LQ (Lebensqualität) vorstellen könnte. Ganz ehrlich, ich habe vor nichts mehr Angst. Im Gegenteil, ich liebe Herausforderungen! Ich sage also zu und bin gespannt, welche Aufgabe ich dabei habe.

16

Sobald du eine Antwort hast, ändert das Leben die Frage.

Nachdenken über Lebensqualität

Autorin: Sabine Siemann

«ALS sie mich traf »» heißt eines der Bücher von Christel Herrmann. Sie ist an Amyotropher Lateralsklerose (ALS) erkrankt und meistert ihr Leben jeden Tag aufs Neue. Ich begegnete ihr im Rahmen einer Kinaesthetics-Schulung im Senioren-Zentrum-Gempt in Lengerich, Deutschland. Diese Begegnung veranlasst mich, über das Thema Lebensqualität neu nachzudenken.

Leben - Qual - Qualität

Als Krankenschwester auf der Intensivstation lernte ich Menschen mit den unterschiedlichsten Schicksalen und Erkrankungen kennen. Früher oder später hörte ich mich sagen: «So zu leben, das ist doch keine Lebensqualität; dieses Schicksal möchte ich auf keinen Fall erleiden!» Als wäre das Leben ein Wunschkonzert und Lebensqualität eine bestimmte Größe, die man hat oder die z. B. durch eine Krankheit verloren geht. Als Kinaesthetics-Trainerin begegne ich oft Menschen mit besonders harten Schicksalen. Selten mache ich die Erfahrung, dass sie mit ihrem Schicksal hadern. Begreifen, dass Lebensqualität kein «gottgegebenes Ding» ist, das wir besitzen oder nicht besitzen, sondern ein lebenslanger Lernprozess, der selbstbestimmt gestaltet wird, lädt ein, über den Kern von Lebensqualität nachzudenken.

17

Lebensqualität - unterschiedliche Perspektiven.

Liest man den Auszug eines Berichtes der Bundesregierung aus dem Bürgerdialog 2015 zum Thema Lebensqualität, findet man im Wesentlichen äußere Faktoren beschrieben, an denen sich die Politik orientiert und aus denen sie Handlungsoptionen ableitet. Aspekte wie Gesundheit, Bildungschancen, Zugang zu kulturellen Gütern, Freiheit, sozialer Zusammenhalt, politische Mitbestimmung und Umweltverträglichkeit werden hier als Indikatoren für das Verständnis der Bürger/innen von Lebensqualität benannt. Bei genauerer Betrachtung dieser Ausführungen scheinen sie mir ein Versuch zu sein, Gesundheit und Wohlstand als messbare Größe für Lebensqualität zu sehen, die stabil, vorhersehbar und damit planbar wird. In der Begegnung mit Christel Herrmann erfahre ich eher von ihrem Naturerleben, ihren Interaktionen mit Menschen und ihren Erfahrungen, die sie im täglichen Sein bereichern. «Es zählen nur die guten Tage», ist eine ihrer Aussagen. Es geht um den Moment, der entsteht, der weder planbar noch vorhersehbar ist. Ihre Lebensqualität schöpft sie aus den Momenten, die sie erlebt und ganz individuell füllt. Ihre Themen haben wenig mit dem zu tun, was die Allgemeinbevölkerung unter Lebensqualität versteht.

Lineare Zusammenhänge?

Unser allgemeines Denken folgt oftmals einem linearen Muster, was man auch als «Weit - deshalb»-Denken bezeichnen kann. Die Formel ist: «A führt zu B und B führt zu C>. Ein Beispiel: Gesundheit (A) führt zu Selbstständigkeit (B). Diese wiederum ermöglicht mehr Lebensqualität (C). Daraus könnte die Annahme entstehen, dass Lebensqualität in Abhängigkeit von Gesundheit oder Wohlstand steht. Die Quantität (je mehr desto besser) spielt dabei eine wesentliche Rolle. Im Fall von Frau Herrmann würde dies bedeuten: ALS (A)führt zu Abhängigkeit (B) und damit zum Verlust der Lebensqualität (C). Die Quantität an Lebensqualität sinkt. In ihrer Realität ist dem nicht so. Es scheint einen relevanten Unterschied zwischen dieser Vorstellung und der Erfahrung von Lebensqualität zu geben.

Der relevante Unterschied

Unser Denken beeinflusst unser Handeln und damit die Erfahrung, die wiederum unser Denken beeinflusst. Es wirken zirkuläre, feedbackgesteuerte Prozesse, die sich mit Wirkungszusammenhängen und weniger mit Ursachen beschäftigen. Die Aufmerksamkeit liegt dabei auf dem wechselseitigen Einfluss und lässt Denk- und Handlungsoptionen in neue Richtungen zu. Sprachlich besteht der erwähnte Unterschied in den Verben «führt zu» und «beeinflusst» - zwei kleine Worte, die in der Sichtweise und Einstellung zur Lebensqualität eine bedeutende Rolle spielen können. «Führt zu» hinterlässt dabei den Eindruck, vom Schicksal getroffen zu werden und keinen Einfluss zu haben: Der Weg ist klar vorgegeben und es gibt keine Wahl. «Beeinflusst» weist darauf hin, dass es um das aufeinander bezogene Mitwirken geht.

Amyotrophe Lateralsklerose (ALS)

ALS wird als eine chronisch fortschreitende Erkrankung des zentralen und peripheren Nervensystems beschrieben, die die willkürliche Steuerung der Skelettmuskulatur unwiderruflich schädigt und damit lähmt. Neben der Bewegungseinschränkung kommt es zu Schlucklähmungen, Kontrollvertust der Ausscheidungen und zur Atemlähmung. In der Regel versterben die Betroffenen innerhalb von 2-5 Jahren. Vor diesem Hintergrund stellt sich nun die Frage: «Wie kann ein Mensch, der einen unwiderruflichen Kontrollverlust seiner Körperfunktionen erfährt, seine Lebensqualität selbst beeinflussen?»

Akzeptieren lernen

Frau Herrmann lernte ich während einer Kinaesthetics-Praxisbegleitung einer Pflegenden im Senioren-Zentrum-Gempt kennen. Während die Pflegende mit ihr zusammen einen Weg aus dem Bett in den Rollstuhl suchte, begannen Frau Herrmanns Beine unwillkürlich und unkontrolliert zu zittern. Zusätzliches Gewicht oder Druck auf ihre Beine würden jetzt helfen, um das Zucken zu unterbrechen, so mein erster Gedanke. Frau Herrmann und die Pflegende gaben mir zu verstehen, dass sie das Zittern inzwischen «aussitzen» und ihm keine große Bedeutung mehr schenken würden. Für mich war das ein fast unvorstellbarer Gedanke. Frau Herrmann lächelte verständnisvoll. Durch das Fortschreiten der Krankheit sei ihr bewusst geworden, dass solche Situationen häufig eintreten würden. Deshalb habe sie beschlossen, dass das unkontrollierte Zucken der Muskulatur zu ihr gehöre. Es sei ein Teil von ihr und müsse nicht verschwinden. Diese Art des Denkens fasziniert mich. Für Frau Herrmann scheint dies eine Lebensstrategie zu sein, die ihr die Freiheit gibt, sich nicht unterkriegen zu lassen. Diese Lebenseinstellung ermöglicht es ihr, sich als selbstwirksam und ein Stück weit unabhängig zu erfahren.

Jeder Moment hat Bedeutung

Frau Herrmanns Aufmerksamkeit gilt ihren Möglichkeiten. Wie sie z. B. ihre Beine koordinieren kann, beeinflusst ihren Weg vom Bett in den Rollstuhl. Der Weg wiederum beeinflusst, wie viel Kraft sie investieren muss und wie sie letztlich im Rollstuhl sitzen wird. Das Zusammenspiel dieser kleinen, aber wichtigen Details hat einen Einfluss darauf, wie viel Kraft es kosten wird, ohne Geräteunterstützung zu atmen, und wie kraftvoll sie husten kann, wenn z. B. der Speichel eine falsche Richtung nehmen will. Ein guter Tag ermöglicht ihr auch Ausflüge in die Natur, in der sie ihre Ruhe finden kann, die ihr wiederum ein entspannteres Atmen ermöglicht. Lebensqualität bedeutet für sie somit auch, ganz bewusst im entstehenden Moment zu agieren. Alles bewusst zu tun, kann auch mühevoll und anstrengend sein. Doch für Frau Herrmann ist es ein lohnenswerter Aufwand, denn er hat Einfluss auf einen «guten Tag». Ihre Absicht ist, dem Leben viele «gute Tage» abzugewinnen. Ihre Aufmerksamkeit gilt den Wirkungszusammenhängen. Sie lernt diese sinnstiftend in einem Spiel zu halten. Damit kann und will sie Einfluss auf die Gestaltung ihrer

Lebensqualität nehmen. Lebensqualität ist somit nicht das, was man von außen sieht, sondern das, was sie draus macht.

Das einzig Beständige ist die Veränderung

Dies wird besonders deutlich, wenn eine Krankheit die eigenen Pläne durchkreuzt. Der Platz bleibt, den man in der Familie oder Partnerschaft hat, die Funktionen ändern sich. Wo Frau Hermann früher die Familienmanagerin war, die selbst mit anfasste, da ist sie heute ausschließlich beratend unterwegs. Die Begegnung mit ihr hat mich nachdenklich gestimmt. Als herausforderndste Veränderung erscheint mir das Loslassen von Altbewährtem. Tätigkeiten abzugeben, die ganz selbstverständlich waren, und zu akzeptieren, dass sie anders verrichtet werden, als es der eigene Anspruch ist. Lernen, das Wichtige vom Unwichtigen zu unterscheiden. Nicht so einfach, wenn die Mimik nicht gehorchen will und die verbale Kommunikation zu einer Herausforderung wird. Im Dialog mit den eigenen Körperteilen zu sein. In Gedanken mit den Körperteilen regelrecht zu «sprechen», z. B. dem Arm freundlich, aber bestimmt «mitzuteilen», dass er sich doch bitte in Richtung Nase bewegen möge, weil es dort juckt. Achtsam zu sein, ob die entstehende Spannung ausreicht, um eine gezielte Bewegung zur Nase zu koordinieren oder es unter Umständen zu einem späteren Zeitpunkt erneut zu versuchen. Mit dem Fortschreiten der Krankheit zu akzeptieren, wenn der Arm durch die unterbrochene Zirkularität der Steuerung seine Funktion eingestellt hat. Dazu gehört wohl auch, der Krankheit nicht zu viel Bedeutung zu geben, was bedeutet, auch zu lernen, sich von Bewertungen zu lösen und auf die Wirkung zu achten.

Perspektivenwechsel ...

Das Wesentliche für sich zu erkennen, ist ein lebenslanger Lernprozess, der die meisten Menschen vor eine große Herausforderung stellt. Er setzt voraus, dass man die Ordnung der eigenen Verhältnisse kennt und diese immer wieder neu hinterfragt. Wenn wir gesund sind, streben wir oftmals Ziele an, die in Verbindung mit Wohlstand stehen. Ein Haus oder ein tolles Auto besitzen, genug Geld verdienen, um auch reisen zu können um nur ein paar Beispiele zu nennen. Wir richten unsere Aufmerksamkeit oft auf das Erreichen dieser Ziele. Selten hinterfragen wir, wie es uns auf dem Weg dahin ergeht. Bereits John Lennon sagte: «Leben ist das, was passiert, während du dabei bist, andere Pläne zu machen.

Für Perspektivenwechsel scheinen Grenzerfahrungen wichtig zu sein. Sie ermöglichen es, uns aus einer neuen Perspektive zu betrachten. So können einschneidende Erlebnisse zu wichtigen Erkenntnissen führen.

... als Entwicklungschance

Die Erfahrung zu machen, dass eine Krankheit den Körper fest im Griff hat, und dabei den Entschluss zu fassen. Nicht gegen die Symptome zu kämpfen, sondern die Einstellung zum Leben anzupassen, ist ein Perspektivenwechsel, der zu anderen Handlungsoptionen und einer neuen Sicht auf die Gestaltung von Lebensqualität führt. Ein Beispiel: Als Frau Herrmann bemerkt, dass ihr die Beine nicht mehr so gehorchen, dass sie sicher gehen kann, übt sie so zu fallen, dass es weniger schmerzhaft ist. Sie übt sich darin. blitzschnell die Körperspannung herunterzufahren, denn das bewahrt sie nicht nur vor größeren Verletzungen. sondern nimmt ihr auch die Angst zu stürzen. Sie vermeidet nicht, sondern sucht nach Wegen, wie sie z. B. mit weniger Kraft aufstehen kann, Passend stürzen zu lernen, ermöglicht ihr mehr Mobilität und weniger Abhängigkeit von anderen Menschen, Somit kann sie selbst bestimmen. wann und wo sie sich aufhatten möchte. Mit zunehmender Abnahme der Funktion ihrer Körperteile befasst sie sich mit Hilfsmitteln, die ihr weiterhin Selbstständigkeit ermöglichen. Früher war sie eine sehr aktive Frau, die gerne reiste. Heute nutzt sie jede Gelegenheit, mit ihrem Elektro-Rolli unterwegs zu sein und sich an der Schönheit der Natur zu erfreuen. Ihre Perspektive, «Nicht die Wiese zu sehen, sondern die Blüte einer Blume genau zu betrachten und sich einen Moment darin fallen lassen zu können», wirkt auch ansteckend auf Menschen, denen sie begegnet.

21

Beziehungen verändern sich

Wir Menschen sind Beziehungswesen. Im Kontakt zu anderen Menschen und unserer Umwelt können wir uns verwirklichen. Wir profitieren sozusagen voneinander und können aneinander wachsen. So klingt es erst einmal absurd, wenn Frau Herrmann meint, man solle der Krankheit nicht zu viel Bedeutung zukommen lassen. Denn für das Umfeld ist es das, was so offensichtlich wirkt. Der Umgang miteinander ist nicht mehr so unbeschwert. Begegnungen sind oftmals von großer Betroffenheit beeinflusst. Freundinnen, Bekannte und auch Fremde wollen in der Begegnung helfen und stehen den Herausforderungen oftmals hilflos gegenüber. Nicht nur die Person mit einer Krankheit ist betroffen, es tangiert das ganze soziale Umfeld. Die Kunst scheint darin zu liegen, die Achtsamkeit auf den Wert der Begegnung mit dem Menschen zu legen und nicht auf den Umgang mit der Krankheit. Dabei geht es um die Qualität der Interaktionen. darum, nicht ausschließlich an dem zu hängen, was man zu wissen glaubt, sondern den Erfahrungen im Miteinander zu folgen und diesem Miteinander eine Bedeutung zu geben. Auch im Gespräch über Bedürfnisse, Möglichkeiten und Grenzen zu sein und diese als Fundament des Zusammenlebens zu betrachten, hat einen Einfluss auf die Erfahrung der eigenen Lebensqualität.

Ehrlichkeit und Respekt in der Interaktion

Eine wichtige Grundlage sind dabei Ehrlichkeit und Respekt im Umgang miteinander. Dies bekommt eine besondere Bedeutung, wenn es darum geht, körperliche Nähe zulassen zu müssen, weil man z.B. in existenziellen alltäglichen Aktivitäten Hilfe braucht. Mit Ehrlichkeit meine ich, Interesse am Menschen zu haben, nicht an der Krankheit oder nur an der Verrichtung einer Aktivität. Bedauern und das ungefragte Anfassen oder Streicheln (womöglich noch im Gesicht) sind für Betroffene oftmals ein unerträglicher Umgang, der weder ehrlich noch respektvoll scheint. Frau Herrmann beispielsweise geht es auch nicht darum, dass die Interaktionen jederzeit gut funktionieren. Respektvoller Umgang bedeutet für sie, sich im Dialog mit dem anderen zu hinterfragen. Die Bereitschaft, miteinander etwas zu entwickeln, schafft für sie die Grundlage für einen respektvollen Umgang miteinander.

Fazit

Wenn man mich nun fragt: «Wie lautet die Definition von Lebensqualität?», dann habe ich immer noch keine allgemeingültige Antwort. Aber vielleicht ist ja auch nicht die Antwort von Bedeutung, sondern die entstehenden Fragen um die eigene Lebensqualität. Bisher stand für mich Lebensqualität in einem engen Bezug zu Gesundheit und Wohlstand, und ehrlich gesagt habe ich Lebensqualität auch schon mal mit Lebensstandard verwechselt. Die immateriellen Werte wie Gesundheit, aber auch das Funktionieren von Freundschaft, Familie oder Partnerschaft sind sicherlich wichtige Aspekte. Bei genauer Betrachtung sind dies jedoch äußere Faktoren, die unsere Lebensqualität beeinflussen. Durch die Begegnung mit Frau Herrmann habe ich verstanden, dass es eine Form der

Innenperspektive gibt, die es mir ermöglicht, mich als aktive Gestalterin meiner Lebensqualität zu sehen. Das bedeutet für mich, dass es eine Ebene der Unabhängigkeit von äußeren Bedingungen gibt. Das Leben gibt mir Fragen an die Hand, die mich einladen mitzuwirken. Sich vom Leben auch mal überraschen zu lassen, sich inspirieren zu lassen von außergewöhnlichen Begegnungen und der eigenen Kreativität zu vertrauen, scheinen mir dabei bedeutende Faktoren zu sein, um dem eigenen Leben mehr Qualität zu geben.

Im Gespräch

Leben mit Amyotropher Lateralsklerose

Keine Grenzen im Kopf

Christel Herrmann und Sabine Siemann

Was treibt einen Menschen an, dem Leben hauptsächlich die positiven Seiten abzugewinnen? Christel Herrmann berührt mit ihrer lebensfrohen Strategie, ein «Stehaufmännchen» zu sein, viele ihrer Mitmenschen. Im Gespräch erzählt sie, woher sie die Kraft nimmt, um ihrem Leben mehr Qualität zu geben.

Siemann: *Sie leiden on der degenerativen Erkrankung «ALS»», die Ihnen die Selbstständigkeit buchstäblich raubt. Dennoch sehe ich eine lächelnde Person vor mir, die Zufriedenheit ausstrahlt. Woher nehmen Sie diese Kraft?*

Herrmann: *Krafttanken... Es gibt für mich mehrere Möglichkeiten, Kraft zu tanken. Die erste, die ich nennen möchte, ist die Natur, denn sie ist überall um uns, in uns. Sie ist eine so gewaltige Kraftquelle, dass ich sie immer und überall anzapfen kann. Am leichtesten geht das im Sommer, wenn ich mitten in der Natur sein kann. Riechen, sehen, spüren, einfach alles aufsaugen, das ist meine größte Kraftquelle. Ich habe dann das Gefühl, singen und tanzen, der Krankheit wieder die Stirn bieten zu können. Ein wichtiger Aspekt ist aber auch die Zuverlässigkeit meines Mannes. Fast jeden Tag besucht er mich, geht mit mir raus oder er erzählt mir Neues, lacht und weint mit mir, gibt mir Sicherheit und die gibt mir Kraft und Mut. Ich habe sechs Enkelkinder, und diese noch ein Stück auf ihrem Weg begleiten zu dürfen, verleiht mir das Wollen und viel Energie zum Durchhalten. Eine ehemalige Therapeutin und jetzt gute Freundin hat mir einen ganz neuen Weg aufgezeigt. «Das Universum hat so unendlich viel Energie, nimm dir einfach, was du brauchst», sagte sie einmal zu mir. Ich versuchte es und es klappte wirklich. Bequem hinsetzen, die Augen schließen und konzentrieren. Nach einiger Zeit durchströmt es mich und ich kann eine Kraft spüren, die sich logisch nicht erklären lässt. Aber das ist ganz egal, Hauptsache es funktioniert. Deshalb kann ich auch lächeln, denn ich fühle mich gut. Mein Kopf ist von der Krankheit nicht betroffen und deshalb kann ich in Gedanken reisen, die Enkel umarmen, Purzelbäume schlagen, einfach alles. Wenn das kein Grund ist, gute Laune zu haben!*

Siemann: *Was hat Sie veranlasst, über Ihre Situation zu schreiben?*

Herrmann: *Nach der Diagnose war meine Welt auf den Kopf gestellt und ich konnte erst einmal gar nicht klar denken. ALs sich der Nebel langsam wieder lichtete, habe ich einen Entschluss gefasst: Die Krankheit wird zwar irgendwann siegen, aber ich werde ihr nicht kampflos mein Leben überlassen! Um ein Ventil zu haben, fing ich an, meine Gedanken und Empfindungen aufzuschreiben. Nur für mich. Eine Pflegerin hat mich dann dazu ermuntert, es zu veröffentlichen. Sie war der Meinung, dass es sehr hilfreich für andere sein könnte, die Krankheit und deren Auswirkungen auf den Körper und die Psyche einmal aus der Sicht einer Betroffenen sehen zu können. Ich habe dann tatsächlich den Schritt gewagt und ein Buch veröffentlicht. Dass ich damit so viele Menschen erreichen und beeinflussen konnte, das hat mich einfach nur zufrieden gemacht. Schon bald wurde ich gefragt, wann denn das nächste Buch erscheinen wird. Da hatte ich plötzlich eine sinnvolle Aufgabe, die auch noch Spaß macht.*

Siemann: In Ihrem Buch taucht häufig das Bedürfnis nach Ruhe auf. Was bedeutet das für Sie in Ihrer Situation?

Herrmann: Mein Tag ist immer anstrengend. Nur schon, wenn ich einfach nur sitze - die Atmung erfordert viel Energie und Disziplin, besonders bei einem Hustenreiz. Etwas mit den Augen schreiben, E-Mails lesen, einen Fuß anheben und zehn Zentimeter versetzen, alles ist sehr anstrengend. Die meisten meiner Muskeln sind inzwischen gelähmt. Jede Sekunde Konzentration kombiniert mit der flachen Atmung macht müde, auch im Kopf. Deshalb brauche ich tatsächlich wirkliche Ruhe. Einige Zeit, mal fünf Minuten, mal eine Stunde, ganz ruhig mit geschlossenen Augen dazusitzen und gleichmäßig zu atmen. Das ist wirkliche Entspannung. Dann kann es wieder weitergehen mit meinem alltäglichen Kampf um ein wenig normales Leben.

Siemann: Was bedeutet für Sie Lebensqualität?

Herrmann: Lebensqualität ist heute für mich ganz etwas anderes als vor meiner Erkrankung. Jetzt definiere ich es so: Die Nacht gut schlafen zu können, ohne dass die Atemmaske verrutscht und ausgeruht aufzuwachen. Jeden Morgen geduscht zu werden, mit der eiskalten Dusche zum Schluss. Herrlich. Rund um die Uhr von freundlichem Pflegepersonal umsorgt zu werden. Wieder einen Tag, ohne mich zu verschlucken und ohne das Gefühl zu haben, ersticken zu müssen. Einfach in meinem bequemen Rollstuhl in meinem gemütlichen Zimmer am Fenster zu sitzen und Musik zu hören. Oder im Sommer im Garten zu sitzen und mich von der Sonne wärmen und vom Wind streicheln zu lassen. Mein Computer, den ich mit den Augen bedienen kann und mit dessen Hilfe ich auch das hier geschrieben habe. Mit dem ich mich also auch verständlich machen kann, ohne noch sprechen zu können. Die zahlreichen Kontakte, die ich über das Internet habe. Etwas ganz Wichtiges aber ist das Bewusstsein, dass Menschen, die ich liebe, auch mich lieben und zu mir stehen.

«Es gibt noch so viele Dinge, die das Leben auch in meiner Situation lebenswert machen. Man muss sie nur sehen wollen.» Würde ich mich hinsetzen und nur einem sorgefreien Leben nachtrauern, würde ich ja die schönen Momente, die es immer noch gibt, nicht sehen können.

Siemann: Frau Herrmann, ich bedanke mich für diesen Einblick und das aufschlussreiche Gespräch. Es hat mich nicht nur berührt, sondern /lässt mich auch erneut angeregt über das Wesentliche im Leben nachdenken.

Entspannung am Zwischenahner Meer

Lebensqualität ist heute für mich ganz etwas anderes als vor meiner Erkrankung. Jetzt definiere ich es so: Die Nacht gut schlafen zu können, ohne dass die Atemmaske verrutscht, und ausgeruht aufzuwachen. Jeden Morgen geduscht zu werden, mit der eiskalten Dusche zum Schluss. Herrlich. Rund um die Uhr von freundlichem Pflegepersonal umsorgt zu werden. Wieder einen Tag ohne mich zu verschlucken und ohne das Gefühl zu haben, ersticken zu müssen. Einfach in meinem bequemen Rollstuhl in meinem gemütlichen Zimmer am Fenster zu sitzen und Musik zu hören. Oder im Sommer im Garten zu sitzen und mich von der Sonne wärmen und vom Wind streicheln zu lassen.

Christel Herrmann

AutorInnen dieser Ausgabe:

Uta Bornschein

Rosalinde Breininger

Axel Enke

Christine Grasberger

Richard Hennessey

Lilia Körner

Christel Herrmann

Gabriele Kalwitzki

Ute Kirov

Rebekka Knobel

Stefan Knobel

Eliesabeth Reichegger

Brigitte Marty-Teuber

Petr Sabine Siemann

Claudia Sprecher a
Prensky

Daniel Straub

www.verlag-lq.com

Kinaesthetics www. kinaesthetics.net

Stiftung Lebensqualität www.stiftung-lq.com

27

Anekdötchen

Ich sitze im Speisesaal am Tisch und der Pfleger löffelt das Fruchtmus, mein Frühstück, in meinen Mund. Ich konzentriere mich auf das Essen und das klappt auch gut, weil es um diese Zeit schon wieder recht ruhig hier ist. Hinter mir sitzt noch eine ganz liebe Frau, die aber durch ihre Demenz immer recht unruhig hin und her läuft und auch immer helfen möchte. Wenn sie mich sieht, läuft sie meistens gleich los um einen Pfleger zu suchen, weil ich doch sicher Hilfe brauche. Das hat sie nach ein paar Schritten schon wieder vergessen.
Heute sitzt sie mit einer Zeitschrift vor sich am Tisch und kommentiert, was sie da so sieht. -! "Den möchte ich jetzt knutschen! " kommt ihre Stimme recht bestimmt herüber. "Wen? Mich? "fragt der Pfleger scherzhaft. "Ach, Sie doch nicht. Aber ich war früher ganz scharf drauf! "kommt die Antwort. Man sollte ja nicht lachen, aber ich kann nicht, ich glucse los, leise, leise und fröhlich. Der Pfleger grinst und muss sich auch sehr zusammenreißen. In den nächsten Minuten geht das so, bis ich mich wieder auf das Essen konzentrieren kann. Aber der Tag ist gerettet bei so viel Lachen, Leben und leben lassen.

Ich sitze mal wieder am Fenster und sinniere so vor mich hin. Über das Leben und alles Mögliche. Wenn doch einfach jeder den anderen so akzeptieren und respektieren könnte wie er ist. Aber das ist ja leider reines Wunschdenken. Manchmal bin ich innerlich so unendlich müde, aber dann kommen wieder so Tage, an denen ich so gut zufrieden bin, dass ich mitsamt Rollstuhl hüpfen könnte. Es gibt Menschen, die helfen mir dabei durch deren manchmal besondere Sicht auf das Leben und die besonderen Zusammenhänge. Ich habe schon so viel durch sie gelernt und finde es immer wieder spannend. Ich möchte deren Freundschaft nicht mehr missen.

25.3.2017

Endlich Sonne

Oh what a beautiful morning, oh what a wonderful day. Ja, endlich ist es heller, sonniger, wärmer - eben Frühling. Ich bin wieder viel draußen. Da ich nicht mehr längere Strecken alleine fahren kann, weil es einfach zu anstrengend ist, fährt Jürgen mit mir zu meinen Lieblingsplätzen. Jetzt blühen die Stern-hyazinthen auf dem Gelände der LWL und leuchten als blauer Teppich. Ein toller Anblick. Allein fahre ich gerne hier in den Garten. Das schaffe ich gut mit der Kinnsteuerung. Und die Übung macht sich bemerkbar, denn ich werde sicherer auch in schwierigen Situationen. Nur Zeit brauche ich immer. Aber die habe ich.

Ich lasse mir Tee anhängen, die Jacke ausziehen, den Urinbeutel leeren und den Tobi abnehmen. Der Pfleger begleitet mich in den Garten, um den Aufzug und die Tür zu bedienen bzw. zu öffnen. Ich rolle durch den Garten und nehme ihn wieder für mich ein. Die Sonne scheint warm herunter und ich könnte schnurren wie eine Katze. Stundenlang sitze ich hier und genieße die Zeit.

24.4.2017

Man mag es ja nicht glauben, aber ich habe viel zu tun. Gerade, seit das letzte Buch erschienen ist, habe ich noch mehr Kontakte bekommen. Hier vor Ort aber auch von außerhalb. Eine Frau aus Steinfurt hat mich besucht. Ihr Mann ist vor einem Jahr an ALS gestorben. Durch die Bücher hätte sie die Erkrankung erst jetzt richtig verstanden und sei sehr dankbar dafür. Das hat sie mir unter Tränen erzählt. Das sind so Momente, die tun mir richtig gut und spornen mich an und geben mir Rückenwind, noch weiter alles zu geben.

Es hat ja schon ein paar schöne Tage gegeben, die ich auch sehr genossen habe. Wir sind auch mal mit dem Auto unterwegs gewesen. Es ist einfach schön, das frische Grün und die leuchtenden Blüten der Kirsch- und Birnenbäume zu sehen. Ich kann wieder gar nicht genug davon bekommen. Und jetzt wieder so kalt, brrrrr. Da friere ich gleich wieder so sehr. Ich tröste mich damit, dass es ja eigentlich einfach nur besser werden kann.

Ich war auch wieder in Münster zur Muskelsprechstunde. Keine neuen Erkenntnisse.

Dann war noch jemand vom MDK hier wegen einer Höherstufung des Pflegegrades. Das war nur eine Sache von fünf Minuten. Die neuen Bewertungen wirken sich günstig für mich aus. Na mal sehen.

Es gibt mal wieder etwas zu lachen. Bei der Morgenpflege fallen der Pflegerin Hautveränderungen an meinem linken Arm auf. "Kannst du das sehen? " fragt sie und hält meinen Arm so, dass er im Spiegel zu sehen ist. Tja, dass es ein Arm sein muss kann ich noch erkennen. Aber das ist auch schon alles. Ich möchte sagen, dass ich ohne Brille nicht so viel erkennen kann. Die Schwierig-keit ist ja aber nun so, dass ich kaum noch etwas verständlich aussprechen kann und das Wort "Brille" fällt in die Kategorie "sehr schwierig". Also versuche ich es zu umschreiben. Da ich weiß, dass die Pflegerin neuerdings eine Lesebrille hat, versuche ich es mit der Kombination aus "du, neu, Nase". Ich werde auch verstanden, nur missverstanden. "Was ist mit meiner Nase? " fragt mein Gegenüber und schaut dabei kritisch in den Spiegel. "Pickel? Haare? Ne Warze?" Ich muss lachen. Es geht noch etwas hin und her. Ich runzle die Stirn und kräusele die Nase. Dann fällt der Groschen. "Ach, du kannst das ohne Brille nicht sehen!" sagt sie und lacht nun mit. Wir stellen uns beide wohl noch Warzen, Pickel und Haare auf Nasen vor, was uns einen heiteren Vormittag bereitet.

Da fällt mir noch eine Begebenheit ein, die noch heute nur ein Stichwort benötigt und die Beteiligten gackern los.

Am Vormittag habe ich Besuch und ich versuche Fragen zu beantworten oder etwas zu erzählen. Nachmittags wollen zwei Therapeutinnen, die inzwischen auch Freundinnen sind, mit mir in ein Café gehen. Sie kommen und legen gleich los und fragen und erzählen. Ich versuche zu erklären, dass ich ja schon am Morgen viel erzählt habe, ich also sprichwörtliche Fusseln am Mund habe. "Holt doch bitte mal eine Schere und macht die Fusseln weg." Ich spreche bekanntlich sehr schlecht und so kommt es, dass die beiden wohl nur ein Wort verstehen - Fusseln. Dagmar eilt ins Bad um einen Lappen feucht zu machen und Susanne wischt imaginäre Fusseln von meiner Hose. Ich grinse. "Was? " fragen beide. "Schere." glucke ich. Verständnislos werde ich angeschaut. Nach einigem Hin und Her macht es bei Dagmar und Susanne klick. Dagmar nimmt die Schere aus der Schublade und "schneidet" endlich die Fusseln von meinem Mund. Auf dem Weg zum Café lachen wir immer noch über das Missverständnis. Es wird noch ein gemütlicher Nachmittag. Zwar kann ich selber nichts essen oder trinken, aber das macht nichts. Auch jetzt müssen wir ehrlich immer wieder lachen bei dem Wort - Fusseln.

Mai 2017

Endlich hat der Mai wirklich begonnen. Die Bäume sind wieder grün, die Sonne scheint und wärmt innen und außen. Ich kann wieder raus in den Garten und mich auftanken lassen von der Wärme und dem Licht. Ich treffe so viele Menschen. Alle grüßen freundlich und viele erzählen etwas oder stellen Fragen. Das wird manchmal schon etwas viel, auch wenn es von allen lieb gemeint ist. Ich vermeide das auch mal, indem ich in der Mittagszeit in den Garten gehe. Zu viele Kontakte verbrauchen so viel Energie und ich muss einfach das richtige Maß finden, um mich noch gut zu fühlen ohne mich zu überfordern.

Bei schönem Wetter geht Jürgen mit mir viel raus und wir klappern meine Lieblingsplätze in der Umgebung ab. Oder wir fahren mit dem Auto irgendwo hin. Neulich waren wir im Restaurant Ventana in Ibbenbüren zum Geburtstag von Sophies Tochter und von einer Schwiegertochter eingeladen. Alle sind sehr herzlich zu mir, geben mir das Gefühl dazu zu gehören und behandeln mich einfach als Menschen und nicht wie eine Kranke. Das ist sehr erfrischend. Da kann ich sogar etwas essen, in diesem Fall Nudeln, Spargel und eine Eiercreme. Da konnte die Flüssignahrung in der Flasche bleiben.

Samstag kommt wieder Frau Dr. Apelt zu ihrem regelmäßigen Besuch. Das sind immer sehr anregende, informative Gespräche die gleichzeitig trösten, Mut machen, sehr persönlich sind, auffangen, uns begleiten auf dem manchmal verdammt steinigen Weg.

In der vergangenen Woche waren Jürgen und ich auch wieder mal unterwegs und da haben wir unsere Schwiegertochter getroffen. Sie erzählt, dass doch die Vater- Kind-Kur genehmigt wurde. Die Mutter-Kind-Kur war ja schon genehmigt. "Jetzt können wir doch gemeinsam fahren." erzählte sie. Wir haben uns mitgefreut. Also ehrlich, eine Mutter-Kind-Kur alleine mit vier Kindern stelle ich mir ganz schön anstrengend vor. Dann doch besser Vater-Kind- Kur und Mutter-Kind-Kur mit jeweils zwei Kindern am selben Ort zur selben Zeit. Finde ich perfekt.

Wir kommen auf unserem weiteren Weg am Kindergarten vorbei. Wir werden auch gleich von unserem Enkel entdeckt und lautstark begrüßt. Bald steht eine ganze Traube von Kindern am Zaun und Jürgen beantwortet geduldig die vielen Fragen, vor allem zum Rollstuhl. Als er alles beantwortet hat, geht es weiter.

Ein weiterer Enkel ist auf dem Weg nach Hause. Wir freuen uns, ihn zu sehen und er lädt uns auch gleich ein, am Sonntag ins Stadion zu kommen. Da hat er mit seiner Mannschaft ein Fußballspiel. Das möchten wir nicht verpassen.
Es ist Sonntag und die Sonne scheint. Jürgen holt mich um kurz nach neun ab und wir sind bei gutem Wetter unterwegs und sind vor Anpfiff im Stadion. Der Junge springt auf uns zu und begrüßt uns stürmisch. Das Spiel ist wirklich gut und er spielt seinen Part wirklich gut. Zwei mal 25 Minuten - aber der junge Mann ist immer noch nicht kaputt und übt noch einige Torschüsse. Sein Bruder hat sich beim Herumtoben mit einem anderen Kind in der Zwischenzeit auch mal wieder eine dicke Beule geholt. Aber auch er ist hart im Nehmen.

Es war ein sehr schöner Vormittag und ich setze ihn fort und setze mich in den Garten. Endlich warm und Sonne. Ach ja, gewählt habe ich auch noch. Das war sehr bequem, weil das Wahllokal hier im Haus ist. Etliche Leute nehmen die Gelegenheit wahr und werfen einen Blick in den Innenhof. Sie sind durchweg erstaunt, was sich da für ein kleines Paradies auftut, das man von außen gar nicht erwartet.
In meinem Zimmer sieht es fast aus wie in einem Blumenladen - Blumen in der Vase auf dem Tisch, fünf Orchideen vor dem Fenster und eine große Einblattpflanze in der Ecke.

Auch das ist noch der Mai 2017

Ich bin es so leid, dieses Wetter geht mir so sehr auf die Nerven. Ewig grau, kalt und nass. Von wegen Wonnemonat. Stattdessen Heizung an und Pullover raus. Ich bin ja ein positiv denkender Mensch, aber jetzt kommen doch schon mal nicht ganz so schöne Gedanken hoch. Was ich zum Beispiel so alles schon zum letzten Mal gemacht habe. Das letzte Mal Fahrrad gefahren - am Tag nach meiner Diagnose. Ich glaube, ich wollte mir selber beweisen, dass ich noch keine Einschränkungen habe. Das ist gepflegt in die Hose gegangen. An einer Kreuzung musste ich anhalten und absteigen. Dabei wäre ich fast gefallen, weil ich meinen rechten Fuß nicht mehr gespürt habe. Da musste ich einfach einsehen, dass mein Körper mir Grenzen aufzeigt, die ich auch durch meinen Willen nicht mehr überwinden kann.

Zum letzten Mal - gemalt, gelaufen, gesungen, ein Buch gelesen, meine Mutter besucht, telefoniert, durch das Wasser am Strand entlang gelaufen, ein frisches Brötchen mit Butter gegessen, mit den Enkelkindern gespielt....... Ich könnte noch hunderte Dinge aufzählen. Das tut trotz meiner positiven Einstellung zu meinem Leben doch manchmal weh.

Aber denken und Entscheidungen treffen, wie mein Leben aussieht, wen ich wann treffe, was ich tun will und auch mal was gegen ärztlichen Rat tun. Eigentlich sollte ich tagsüber zwischendurch die Atemmaske tragen, um die Atemmuskulatur zu entlasten. Aber die Maske stört mich, hindert mich am Denken, ich fühle mich angekettet. Selbst wenn es mich Lebenszeit kostet.

Aber ich brauche Struktur und innere Ruhe, auch von den Menschen um mich herum. Hektik, lautes Gepolter und Ähnliches kann ich nicht ertragen. Das bringt meine Konzentration durcheinander. Die brauche ich aber bekanntlich für fast alles, sei es schlucken, den Kopf gerade halten, schreiben mit den Augen und alles.

Alles kostet Energie und ich bin deswegen auch immer wieder müde und schlafe auch mal ein. Auch am Abend vor dem Fernseher, wie sicher viele andere Menschen auch mal. Deswegen gehe ich aber nicht schon um sieben Uhr ins Bett. Weil ich es nicht will und weil ich auch nicht so lange im Bett liegen kann. Es macht auch keinen Unterschied, ich kann meinen Kopf nicht mehr lange frei auf der Bettkante sitzend, halten. Egal zu welcher Uhrzeit. Ich möchte die Zeit, die mir noch bleibt, selbstbestimmt und ohne Stress erleben.

Jetzt ist er raus! Ich war wirklich gespannt darauf. Ein Artikel in einer speziellen Zeitschrift für Kinaesthetik und Kunst. Ich durfte wesentlich daran mitarbeiten. Die Autorin, Sabine Siemann, die Kinaesthetiktrainerin, wir haben uns regelmäßig über das Internet ausgetauscht. Aber auch persönlich treffen wir uns mehrfach. Bald gehen wir zum "Du" über, denn wir sind auf einer Wellenlänge. Sie schreibt den Artikel und gibt mir den Entwurf zu lesen, befragt mich und wir machen Fotos. Insgesamt eine Menge Arbeit, die aber Spaß macht.

Hier einige Antworten, die ich auf ihre Fragen habe.

Lebensqualität

ist heute für mich ganz etwas anderes als vor meiner Erkrankung. Jetzt
definiere ich es so: die Nacht gut schlafen zu können, ohne dass die Atemmaske
verrutscht und ausgeruht aufwachen. Jeden Morgen geduscht zu werden, mit
der eiskalten Dusche zum Schluss. Herrlich. Rund um die Uhr von freundlichem
Pflegepersonal umsorgt zu werden. Wieder einen Tag ohne mich zu
verschlucken und das Gefühl zu haben, ersticken zu müssen. Einfach in meinem
bequemen Rollstuhl in meinem gemütlichen Zimmer am Fenster zu sitzen und
Musik zu hören. Oder im Sommer im Garten zu sitzen und mich von der Sonne
wärmen und vom Wind streicheln zu lassen.

Mein Computer, den ich mit den Augen bedienen kann und auch das hier
geschrieben habe. Mit dem ich mich also auch verständlich machen kann, ohne
noch sprechen zu können. Die zahlreichen Kontakte, die ich über das Internet
habe.
Etwas ganz wichtiges aber ist das Bewusstsein, dass Menschen, die ich liebe,
auch mich lieben und zu mir stehen.
Es gibt noch so viele Dinge, die das Leben auch in meiner Situation lebenswert
machen. Man muss sie nur sehen w o l l e n. Würde ich mich hinsetzen und nur
einem sorgenfreien Leben nachtrauern, würde ich ja die schönen Momente, die
es immer noch gibt, nicht sehen können.

Kraft tanken

Es gibt für mich mehrere Möglichkeiten Kraft zu tanken.
Die erste, die ich nennen möchte, ist die Natur, denn sie ist überall um uns, in
uns. Sie ist eine so gewaltige Kraftquelle, dass ich sie immer und überall
anzapfen kann. Am leichtesten geht das im Sommer, wenn ich mitten in der
Natur sein kann. Riechen, sehen, spüren, einfach alles aufsaugen, das ist meine
größte Kraftquelle. Ich habe dann das Gefühl, singen und tanzen zu können, der
Krankheit wieder die Stirn bieten zu können.

Ein wichtiger Aspekt ist aber auch die Zuverlässigkeit von meinem Mann. Fast
jeden Tag besucht er mich, geht mit mir raus oder er erzählt mir Neues, lacht
und weint mit mir, gibt mir Sicherheit und die gibt mir Kraft und Mut.
Ich habe sechs Enkelkinder. Die noch ein Stück auf ihrem Weg begleiten zu
dürfen, das verleiht mir das Wollen und viel Energie zum Durchhalten.

Eine ehemalige Therapeutin und jetzt gute Freundin hat mir einen ganz neuen
Weg aufgezeigt. "Das Universum hat so unendlich viel Energie, nimm dir einfach
was du brauchst. "Ich habe es versucht und es klappt wirklich. Bequem
hinsetzen, die Augen schließen und konzentrieren. Nach einiger Zeit

durchströmt es mich und ich kann eine Kraft spüren, die sich logisch nicht erklären lässt. Aber das ist ganz egal, Hauptsache es funktioniert.

Deshalb kann ich auch lächeln, denn ich fühle mich gut. Mein Kopf ist von der Krankheit nicht betroffen und deshalb kann ich in Gedanken reisen, die Enkel umarmen, Purzelbäume schlagen und einfach alles. Wenn das kein Grund ist, gute Laune zu haben!

Ruhe

Mein Tag ist immer anstrengend. Egal ob ich einfach nur sitze - die Atmung erfordert viel Energie und Disziplin, besonders bei einem Hustenreiz. Etwas mit den Augen schreiben, e-Mails lesen, einen Fuß anheben und zehn Zentimeter versetzen, sehr anstrengend. Die meisten meiner Muskeln sind inzwischen gelähmt. Jede Sekunde Konzentration, kombiniert mit der flachen Atmung, macht müde, auch im Kopf. Deshalb brauche ich tatsächlich wirkliche Ruhe. Einige Zeit, mal 5 Minuten, mal eine Stunde, ganz ruhig mit geschlossenen Augen dasitzen und gleichmäßig atmen. Das ist wirkliche Entspannung. Dann kann es wieder weitergehen mit meinem alltäglichen Kampf um ein wenig normales Leben.

Geranienmarkt

Es ist Samstag, es ist Mai und es ist schönes Wetter. Wie konnte denn das passieren? Bei diesem sogenannten Frühling kann man ja mit allem rechnen, nur nicht mit gutem Wetter. Das wollen wir auch nutzen für einen Ausflug. Mittags kommen Jürgen und Sophie und wir düsen mit meinem blauen Auto in Richtung Tecklenburg. Es ist Geranienmarkt und normalerweise kaum ein Parkplatz zu finden. Aber mit unserem blauen Spaßmobil dürfen wir uns auch auf einen Behindertenparkplatz stellen.
Wir haben Glück und finden gleich am Anfang des Marktes einen extra für die Veranstaltung eingerichteten Behindertenparkplatz. Dann geht es los und ich werde durch den Ort gelenkt. Tecklenburg ist ein altes, kleines Städtchen mit alten Fachwerkhäusern, einer Burgruine und tollen Aussichten über das Münsterland.
Die Straßen und Gassen sind zwar schön, aber auch eine Herausforderung für jeden Rollstuhlfahrer. Kopfsteinpflaster mit alten, abgerundeten, unterschiedlich großen Steinen. Es ruckelt, schuckelt und holpert. Außerdem geht es auf und ab. Mein Rollstuhl hat zum Glück breite Reifen, das mildert etwas die Hoppelei. Auch schieben muss Jürgen nicht, weil der Motor das übernimmt.

Nicht nur Blumen, sondern allerlei anderes für Haus, Garten und Gaumen wird überall angeboten. Es duftet nach Blumen, Kräutern, Bratwurst und noch vielen anderen Dingen.
Ich nehme alles mit allen Sinnen auf; speichere, was ich sehe, höre, rieche, fühle.
Die Hoppelei vom Rollstuhl stört mich gar nicht so sehr. Ich genieße den Ausflug und speichere alles, auch für später. Zwischendurch schauen wir in aller Ruhe ins Münsterland. Ich sauge alles auf wie ein Schwamm.
Wir fahren auf Umwegen durch das Tecklenburger Land mit seinen bewaldeten Hügeln in frischem Grün.

Ein wunderschöner Tag.

Die Kommunion

Das war ein sehr schöner Tag. Schon um neun Uhr holt Jürgen mich mit dem Auto ab, denn es ist bewölkt und früh am Morgen hat es schon ein Gewitter gegeben.
Es herrscht schon ein richtiges Gewusel um die Kirche und wir halten uns gar nicht lange draußen auf, sondern fahren gleich in die Kirche. Dort werden wir sehr freundlich begrüßt und darauf hingewiesen, dass wir uns mit dem Rollstuhl natürlich ganz vorne hinstellen können. Wir suchen uns einen Platz in der Nähe der restlichen Familie.
Die Kirche ist um viertel vor zehn schon sehr gut gefüllt, als der Pfarrer zum Mikrofon greift und sich im lockeren Plauderton vorstellt und einfach schon mal mit der Gemeinde zwei Lieder übt. "So, und jetzt gehe ich mich umziehen und komme dann gleich mit den Messdienern und den Kindern wieder. Ach ja, und vergessen sie nicht, Ihr Handy nach dem Gottesdienst wieder anzustellen." So kann man auch darum bitten, das Handy auszustellen.
Und dann kommen die Kinder - die Jungen in Anzügen und die Mädchen in ihren weißen Kleidern. Unsere Enkelin sieht in ihrem relativ schlichten Kleid mit ihren blonden Locken, das hinten mit ins Haar eingeflochtenen Perlen geschmückt ist, einfach nur süß aus.

Nicht nur die Kinder, sondern alle werden bei der Messe in die Gestaltung mit einbezogen. Es wird gesungen, geklatscht, gelacht, gebetet. Es werden Fürbitten vorgetragen, unter anderem auch von unserem Sohn.
Die Stunde geht so schnell um.
Inzwischen haben sich die Wolken verzogen und die Sonne scheint wieder als wir aus der Kirche kommen. Es ist nett warm im Auto, aber es ist ja nicht weit zu fahren. Jetzt werden erst einmal ein paar Fotos gemacht und dann sucht sich jeder einen Platz auf der schattigen Terrasse, die Kinder ziehen sich um und

toben erst einmal eine Runde durch den Garten. Unser Sohn hat eine Suppe gekocht, bei der sich jeder seine Einlagen selbst zusammenstellen kann. Eine super Idee.
Es ist toll, dass die Kinder sich richtig austoben können. Ich amüsiere mich jedenfalls sehr und freue mich auch, meinen Neffen aus dem Schwarzwald und seine Familie mal wieder zu treffen.
Nach Kaffee und Kuchen, ich esse auch etwas von der Cremefüllung, fährt Jürgen mich wieder nach Hause. Wir sind beide kaputt - aber schön kaputt. Es ist wieder sehr warm geworden und ich liebe es und fühle mich pudelwohl.

Das Wort zum Sonntag

Ich habe wieder ein wenig geschrieben.
Wie nehme ich mich jetzt eigentlich wahr? Manchmal habe ich solche Sehnsucht. Sand unter den Füßen, warm, weich, zwischen den Zehen, ich lasse ihn durch die Finger rieseln. Salzige Luft und das ewige Rauschen der anrollenden Wellen. Innehalten, durchatmen, innerlich zur Ruhe kommen. Ja, das fehlt mir. Oder mal etwas Leckeres essen.
Dann kann ich nur die Augen schließen und träumen.....

Es gibt auch Tage, da bin ich so unendlich müde, müde und leer. Warum noch kämpfen? Nicht mehr essen, nicht mehr atmen, nicht mehr denken, nicht mehr sein. Aber das bin ich nicht! Nicht um jeden Preis will ich leben, aber was ich selber dazu beitragen kann, da will ich noch kämpfen. Auch wenn es manchmal wirklich ganz schön schwer ist.
Die Tage sind so gleich, die Zeit vergeht so schnell und bei diesem Sommer habe ich das Gefühl, vom Winter direkt in den Herbst zu fallen. Mir ist kalt! Auch von innen.
Wie wird der Winter werden? Ich will nicht mehr in die Zukunft schauen, ich will nur das Jetzt und Heute erleben. Auch negative Impulse versuche ich, von mir abgleiten zu lassen, Positives aufzusaugen.
Doch, ich lache immer noch gerne und viel, freue mich über die neuen Freundschaften. Alte gibt es nicht mehr. Manch einer macht mich zur "Aussätzigen", weil ich ja den "Ehebruch" meines Mannes auch noch nachträglich verzeihe und auch weiter toleriere. Ja, mich mit dieser Frau und deren Familie auch noch gut verstehe. Diese Menschen verkennen vollkommen die Bedeutung und die Entstehung dieser Beziehung. Als Jürgen vollkommen fertig, vollkommen verzweifelt war, hat niemand gesehen wie es um ihn steht. Seine Zeichen und Rufe um Hilfe waren zu leise, wurden nicht als solche verstanden. "Du hättest doch nur anrufen müssen!" Wie auch immer, er konnte es einfach nicht. Und dann sind sich zwei Menschen begegnet, die keine Beziehung suchten. Da war ein Mensch, der verzweifelte. Da war ein Mensch, der fremd war, aber der die Verzweiflung gesehen hat. Dieser Mensch hat dann ganz viel Zeit und eigene Energie dazu verwendet und hat zugehört, Verständnis gezeigt und hat Jürgen aufgefangen, hat selber dabei die eigenen Energiereserven vollkommen aufgebraucht. War es dann Schicksal, Vorsehung oder musste uns auch mal etwas Positives passieren? Egal, ich bin froh, dass mich mein Weg mit den beiden zusammentreffen ließ!

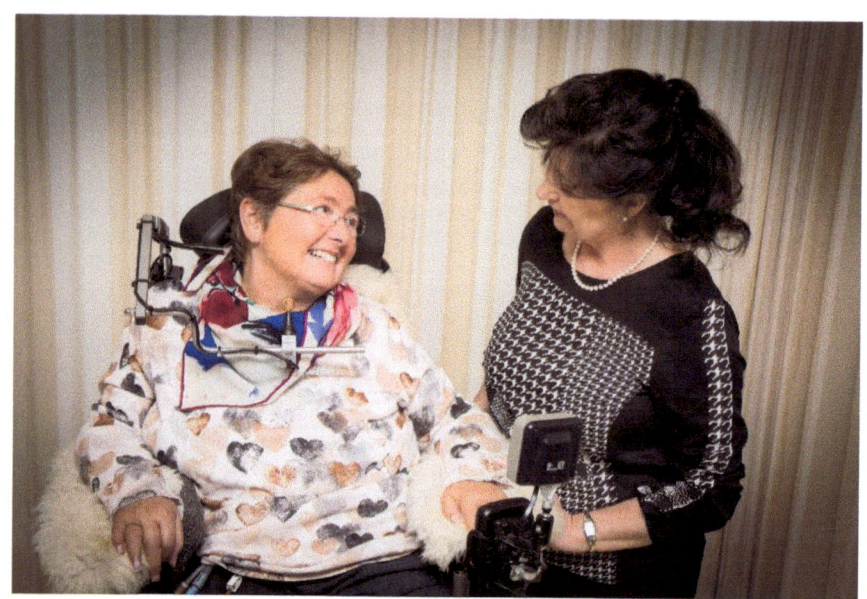

Dieser mir bis dahin unbekannte Mensch hat Jürgen, hat mich gerettet. Auch wenn so mancher ganz andere Motive für den Beginn dieser Beziehung sieht, für deren Phantasie kann ich nichts. Ich bin einfach nur froh und glücklich, dass sich die Beziehung mit uns dreien so entwickelt hat. Und wer das nicht verstehen kann oder nur einfach nicht will - schade. Vielleicht habt ihr mehr Verständnis, wenn ihr einmal in eine schier ausweglose Situation geratet.
So, das musste mal raus. Jetzt ist damit auch ganz viel negative Energie von mir abgefallen, abgeflossen und ich kann wieder Helligkeit tanken.
Angst vor dem Winter will ich auch nicht mehr haben. Ich lasse mich einfach warm einpacken und werde schreiben, denn die Augen bleiben beweglich auch wenn der Körper unbeweglich ist. Mir gehen so unendlich viele Gedanken durch den Kopf.
Ich lebe gerne hier, denn ich brauche meine Ruhe, aber gleichzeitig Sicherheit. Das habe ich hier. Ich kann tun oder lassen, schlafen oder wach sein, fernsehen und auch Musik hören, dank Internet, was und wann ich möchte. Ich habe Glück, all das nutzen zu können. Diese ganzen technischen Möglichkeiten erlauben mir so vieles. Und doch denke ich, meine Einstellung zum Leben ist der entscheidende Schlüssel.
Heute, jetzt und hier.

5.6.2017

Auch eine Art Urlaub

Im Juni sind wir schon mehrfach in Dänemark gewesen. Eine wunderschöne
Zeit, um dort Urlaub zu machen. Am besten gefiel mir, wenn wir Ostern in
Badenweiler verbracht haben. Der Frühling war dort meistens schon
eingezogen. Blühende Obstbäume, das erste zarte Grün, Teppiche von Oster-
glocken, Buschwindröschen und Primeln. Wenn wir dann nach ein paar Tagen
wieder gen Norden 600 Kilometer nach Hause gefahren sind, haben wir das
Erwachen der Natur noch einmal erleben dürfen.
Im Juni dann der dritte Frühling in Dänemark, und doch ganz anders als weiter
im Süden. Eben rauher und doch immer wieder faszinierend für uns. Dänemark
fing in Nörre Nebel an, wenn die Dünenketten links von der Straße und der
Fjord rechts auftauchten. Das Gefühl für Dänemark habe ich schon mehrfach
beschrieben und das bleibt. Ich reise immer noch in Gedanken dahin. Ich sitze
im warmen Sand und lasse ihn durch die Finger rieseln, laufe durch das kalte
Wasser; die Sonne im Gesicht und den Wind in den Haaren.
Daran zu denken ist immer wie ein kleiner Urlaub.

Ein schöner Ausflug

Mitte Juni 2017

Jetzt hat das Jahr schon wieder so schnell Fahrt aufgenommen. Erst habe ich
gedacht, dass die dunkle, kalte Zeit nicht vergehen will. Jetzt habe ich schon
wieder mehrfach die Hitze genossen.
Jürgen und Sophie holen mich mit dem Auto ab und wir fahren los Richtung Bad
Rothenfelde. Erst immer am Teuto entlang. Die Bäume sind inzwischen satt
grün und die Kornfelder fangen langsam an, goldgelb zu werden. Ab und zu
leuchten Kornblumen und Klatschmohn blau und rot in der Sonne. Ich nehme all
das auf und speichere das ab und genieße die Autofahrt, auch wenn es reichlich
schaukelt.

In Bad Rothenfelde findet ein Markt um das alte Gradierwerk herum statt. Wir
bummeln an den Ständen vorbei und ich sehe die bunten Stoffe, Taschen,
Spielzeug, Gartenstecker, Geschenkartikel und vieles mehr. Aber auch für die
Nase und den Magen gibt es genug.
Das schönste aber sind die vielen Rosen. Alle Farben, von weiß über die
verschiedensten Rosa- und Rottöne, bis hin zum Gelb, sind vorhanden und
bieten dem Auge einen bunten Farbrausch. Aber noch eindrücklicher ist der
Duft! Diese Tausenden von Blüten verströmen einen so intensiven Duft, der
muss einfach glücklich machen.

Wir gehen, bleiben stehen, sitzen im Schatten einer Laube aus duftenden Rosenblüten. Hier will ich nicht mehr weg! Wie sagte mal ein Mitreisender in Norwegen über die Schönheit der Landschaft: "Da wird man ja besoffen bei dem Anblick!" So ähnlich empfinde ich jetzt auch.

Irgendwann reißen wir uns los und umrunden jetzt das Gradierwerk. Der feine Sprühnebel, der uns hier umweht, ist gut für die Lunge und fühlt sich auch noch gut auf der Haut an.
Noch einmal zieht es uns zurück zu den Rosen. Die Augen können sich einfach nicht satt sehen, die Nase nicht genug riechen.
Zum Schluss sitzen wir noch in einem Café am Rande des Trubels und Sophie und Jürgen essen einen Salat. Bei mir kommt das Essen wieder über die Sonde. Ich nehme nur eine Nase voll von dem würzigen Salatdressing und stelle mir vor, wie Gurke, Tomate, Oliven, Salat und Thunfisch in meinem Mund sind und von mir gekaut werden. Lecker. Dabei sitzen wir in der Sonne mitten unter den Menschen. Herz was willst du mehr?
Dieser Tag ist etwas für mein Wohlfühlgedächtnis an trüben Tagen oder wenn es mir mal nicht so gut geht.

Einfach - einfach leben

9.7.2017

Es ist tatsächlich nicht immer ganz einfach, fröhlich zu wirken, wenn einem permanent Luft fehlt, Atmen eine schwere Arbeit ist. Es ist auch nicht hilfreich, immer wieder suggeriert zu bekommen, dass man doch früher ins Bett gehört. Aber wenn ich im Rollstuhl sitze, habe ich das Gefühl zu leben und noch ein klein wenig selbst über mein Leben bestimmen zu können. Außerdem bekomme ich sitzend besser Luft. Ich lache immer noch gerne, nur permanent, das schaffe ich nicht. Aber dass das Ende näher rückt, ist einfach unübersehbar. Das stimmt nicht immer fröhlich. Ich will aber auch nicht permanent darüber nachdenken, sondern lieber einfach albern sein und nicht an morgen denken. Es ist dabei wenig hilfreich, darauf hinzuweisen dass ich eingeschlafen bin oder ich ja so fertig aussehe. Ich bin nicht immer ganz einfach, aber einfach kann ja jeder.

Wie esse ich jetzt eigentlich?
Wie immer - als wichtigste Zutat - Konzentration. So nebenbei geht es nicht. Meine Zunge lässt sich kaum noch kontrollieren. Ich kann auch niemandem eben diese herausstrecken. Es fühlt sich an, als ob sie kürzer geworden ist und sich einrollt. Sie ist wohl schon mal in Rente gegangen. Mit so einer Zunge lässt sich das Essen nicht vernünftig im Mund bewegen. Ich lasse also den Speisebrei vorne in die Vertiefung hinter die Schneidezähne fließen und sauge ihn dann vorsichtig über die Zunge weiter nach hinten. Aber ganz vorsichtig, damit nichts zu tief rutscht und in die Lunge gelangen kann. Ist genug hinten, sage ich dem Körper, dass er nun schlucken muss. Das gelingt, wenn auch oft nicht sofort. Ich mache sozusagen Trockenübungen. Mein Mund macht Kaubewegungen und dann gelingt es mir zu schlucken. Meist hörbar laut und etwas läuft mir aus dem linken Mundwinkel. Damit muss mein Gegenüber leben.
Etwas anders geht das mit den berühmt berüchtigten Bandnudeln. Die rutschen nämlich schön über die Zunge und schmecken durch die Soße einfach nur lecker. Ich muss nur den richtigen Zeitpunkt abpassen um sie zu schlucken. Aber ich gehe das Wagnis "essen" immer wieder ein, um das Gefühl dafür nicht ganz zu verlieren. Aber vor allem wegen des Geschmacks und um die Mundflora gesund zu erhalten. Denn Pilze sollen im Wald und nicht in meinem Mund wachsen.
Aber Flüssigkeiten kann ich so nicht bewältigen. Die kann ich einfach nicht genügend kontrollieren, um sie sicher schlucken zu können. Das passiert ab und zu mit dem Speichel, an dem ich mich auch schon mal verschlucke. Das ist sehr anstrengend und auch beängstigend und erfordert Konzentration. Ich muss es aushalten.
Locker bleiben und darauf warten, dass die Verkrampfung sich löst. Da kann ich auch nicht gleich wieder schreiben, weil die Augen unruhig hin und her wandern.

Wieder Geburtstag

23.7.2017

Ich hatte einen wirklich schönen Geburtstag.
Der Pfleger lässt sich erst mal nichts anmerken - bis Frau Wöstenkühler in ihrem Rollstuhl auftaucht. "Herzlichen Glückwunsch zum Geburtstag! " ruft sie unüberhörbar vom Flur. Alle Versuche vom Pfleger, sie zu stoppen, scheitern. "Aber wir hatten doch eine Überraschung vor!" Alles ist lieb gemeint.
Jürgen, Sophie und ich fahren nach Lienen zum Gottesdienst. Petra Jäkel wird heute von der Gemeinde verabschiedet. Sie hat erfolgreich mehrere Chöre geleitet, war Organistin und hat auch sonst durch ihr Engagement viel in der Gemeinde bewirkt. Mir ist sie in der jüngsten Zeit eine gute Freundin geworden. Jetzt zieht sie aus Lienen ins Wendland, näher zu ihren Kindern. Schön für die Kinder, schade für mich.
Wir kommen ziemlich pünktlich, so etwa fünf Minuten vor Beginn, in der Kirche an und rollen nach vorne.
Der Gottesdienst ist wirklich sehr schön gestaltet mit Choreinlagen, Bläserbegleitung und Orgel. Kinder bringen zwischendurch immer mal wieder noch etwas mehr Leben herein, denn es sind noch zwei Taufen am Ende.
Der Chor bleibt noch, während die Gottesdienstbesucher langsam die Kirche verlassen. Und dann bringt man mir tatsächlich ein Geburtstagsständchen. Als dann noch der irische Segensspruch gesungen wird, kullern bei mir ein paar Tränen herunter.
Es wird mir gratuliert von vielen, etliche kenne ich nicht einmal. Aber mich kennen nun mal viele Menschen.
Petra ist sichtlich gerührt und ihr stehen Tränen in den Augen. Sie freut sich augenscheinlich, dass wir alle drei zu ihrem besonderen Tag gekommen sind, der Verabschiedung aus der Gemeinde. Dadurch bin ich in den Vorzug eines Geburtstagsständchens gekommen.
Auf dem Heimweg döse ich ein wenig vor mich hin und lasse den Vormittag gedanklich noch einmal Revue passieren.
Wieder zurück in Lengerich, ist die Sonne durch die Wolken gekrochen. Wir beschließen noch gemeinsam zum Italiener zum Essen zu gehen. Sophie und Jürgen bestellen etwas mit Nudeln und so habe ich die freie Auswahl - mal esse ich Nudeln mit Tomatensoße von Sophies Teller, mal welche mit Käsesoße von Jürgens Teller. Lecker.
Am Nachmittag kommen noch meine Schwägerin und mein Bruder bei mir vorbei. Darüber freue ich mich sehr, ich bin nur einfach vollkommen platt und mein Hals ist total verschleimt. Hustenreiz und Niesen ist die Folge. Ich bin also kein guter Gastgeber mehr.
Mein jüngster Sohn meldet sich aus Dänemark und der ältere muss kranke Kinder hüten und meldet sich via Computer.
Am Montag kommen noch ehemalige Nachbarinnen, ehemalige Pflegerinnen vom mobilen Pflegedienst und meine Freundin Dagmar. Dienstag geht das auch noch so weiter und über Facebook gratulieren noch jede Menge Menschen. Ich bin wirklich überwältigt, dass so viele Menschen an mich gedacht haben. Ich brauche jetzt aber wirklich ein paar Tage und etwas mehr Schlaf, um mich zu erholen.

Reine Routine

3.8.2017

Heute geht es wieder nach Münster zur Muskelsprechstunde. Meine
Informationen und Fragen habe ich wieder aufgeschrieben und der Tobi kommt
deshalb auch mit.
Alles klappt reibungslos - ich bin frühzeitig fertig und wir können pünktlich los.
Kein Stau auf der Autobahn, grüne Welle in Münster, Anmeldung in der Klinik,
fast leer; und kaum haben wir uns häuslich vor der Neurologie niedergelassen,
werden wir auch schon aufgerufen. Das ist uns noch nie passiert. Umso besser.
Ich lasse also mein Geschriebenes vorlesen und beantworte zwischendurch
Fragen.

Meine Anmerkungen und Fragen

Juli 2017

Noch geht es mir ganz gut aber ich merke, dass die Kraft weiter nachlässt. Die
Atmung ist schwerer, wobei ich aber keine richtige Luftnot verspüre.
Im Sitzen geht das auch besser als im Liegen, weshalb ich auch gerne im
Rollstuhl sitze. Die Atemmaske ist nachts in Ordnung, tagsüber habe ich das
Gefühl, frische Luft ist erholsamer als das Maskenatmen.
Wenn ich wach bin und die Maske aufhabe, will mein Körper ständig schlucken.
Ich kann das nicht ignorieren oder unterdrücken. Ich kann dann auch keinen
vernünftigen Atemrhythmus finden.
Die Idee meiner Ärztin, ob nicht die Zumischung von Sauerstoff in der Nacht
helfen könnte?
Die Leberwerte sind erhöht. Kann das eventuell an der Galle liegen, beziehungs-
weise an den Gallengängen? Die Entzündungswerte sind aber nicht wesentlich
erhöht.
Was ich aber auf keinen Fall will - dauernd an irgendwelchen Geräten hängen.
Dann lieber immer müder und irgendwann weg sein.
Soweit meine Überlegungen.

Ja, den erhöhten Leberwerten sollte auf den Grund gegangen werden und
deshalb wird mir auch nochmal Blut abgenommen, um feststellen zu können, ob
das an Medikamenten oder auch an der Galle oder auch den Gallengängen liegt.
Die weiteren Maßnahmen können von der Hausärztin vorgenommen werden. Es
wird auch nicht über meine Wünsche hinsichtlich der Beatmung diskutiert,
sondern sie werden akzeptiert.
Die Frage nach Sauerstoff haben wir auf den nächsten Termin im Schlaflabor
verschoben. Noch ein paar Tests: Reflexe, Muskelspannung usw., dann sind wir
auch schon wieder fertig.

Die Rückfahrt verläuft auch ohne Probleme. Die Sonne kommt zwischendurch immer mal wieder durch die Wolken und da bleibe ich doch einfach gleich im Garten. Hier kann ich wieder atmen und entspannen.
Es ist ja nicht wirklich anstrengend oder aufregend, wenn ich wieder nach Münster zur Muskelsprechstunde muss, trotzdem ist da eine gewisse Anspannung und das macht es anstrengend.

Ein Genuss für die Ohren

4.8.2017

Es ist wieder soweit - Justus Frantz in Lengerich. Das dritte Jahr in Folge. Natürlich habe ich darauf gelauert, in das Konzert zu gehen. Und heute ist es soweit. Ich bin schon etwas aufgeregt und schaue dauernd auf die Uhr. Weit ist es ja nicht, ich kann die Halle von meinem Fenster aus sehen.
Erst ein paar Minuten vor Beginn werden die Zuschauer eingelassen und alles verteilt sich schnell in der Halle. Wir haben ganz gute Plätze, wenn auch etwas behindert durch eine Säule. Und da habe ich einen entscheidenden Vorteil - ich habe meinen Stuhl immer dabei - und der ist auch noch fahrbar. So kann ich mir einen Logenplatz direkt vor einer Säule aussuchen. Hier kann ich sehr gut sehen und gleichzeitig nehme ich niemandem die Sicht durch den doch etwas großen Rollstuhl.
Justus Frantz kommt recht schwungvoll auf die Bühne. Dieses Jahr sieht er wieder besser aus als im letzten Jahr, als er krank auf der Bühne stand. In gewohnt lockerem Plauderton beschreibt er das erste Stück. Beethoven. Und schon mit den ersten Tönen kann ich die Töne fühlen. Ich überlasse mich ganz der Musik. Alles passt und die untergehende Sonne zaubert noch die richtige Lichtstimmung in die Halle.
Beim zweiten Stück, einem Klavierkonzert von Mozart, tritt Justus Frantz wieder mal in Doppelfunktion auf - als Pianist und gleichzeitig als Dirigent. Was ich ja schon bewundere, aber das ganze Konzert auswendig, ohne auch nur eine einzige Note vor Augen zu haben, das ist einfach erstaunlich. Einfach bei ein paar Noten Pause in der Klavierstimme, die Hände gehoben, um das Orchester in der Spur zu halten und dann punktgenau selber wieder einzusetzen, einfach genial.
Nach der Pause geht es sehr gefühlvoll weiter. Aber im Gegensatz zu Mozart erklingen andere Töne. Erst bin ich noch etwas unsicher, aber dann ist es klar - das ist Dvorak, Symphonie Nr. 9. Aus der neuen Welt, eines meiner Lieblingsstücke in der klassischen Musik. Ganz leise Töne von Oboe, Querflöte, Geige, Trompete oder, oder, oder und dann wieder so kraftvolle, den Körper merklich durchdringende Töne. Ich lasse mich fallen in die Musik und gleichzeitig in der Musik. Was für ein wundervolles Gefühl - wie schweben. Da kann ich gar nicht müde werden. Den Kopf ein wenig in den Wolken und die Füße tanzen am Boden.

Viel zu schnell ist diese musikalische Reise auch schon wieder zu Ende. Es ist kurz vor elf, als Sophie und Jürgen mich wieder in mein Zimmer bringen. Ich finde es wirklich schön, dass wir auch so etwas zu dritt genießen können.
Wir verabschieden uns herzlich voneinander und ich sitze noch eine Stunde im Halbdunkel und lasse den Abend in aller Ruhe in mir nach- und ausklingen.

10.8.2017

Wie nehme ich mich jetzt eigentlich wahr? Manchmal habe ich solche Sehnsucht. Sand unter den Füßen, warm, weich, zwischen den Zehen, ich lasse ihn durch die Finger rieseln. Salzige Luft und das ewige Rauschen der anrollenden Wellen. Innehalten, durchatmen, innerlich zur Ruhe kommen. Ja, das fehlt mir. Oder mal etwas Leckeres essen.
Dann kann ich nur die Augen schließen und träumen .....
Es gibt auch Tage, da bin ich so unendlich müde, müde und leer. Warum noch kämpfen? Nicht mehr essen, nicht mehr atmen, nicht mehr denken, nicht mehr sein.
Aber das bin ich nicht! Nicht um jeden Preis will ich leben, aber was ich selber dazu beitragen kann, da will ich noch kämpfen. Auch wenn es manchmal wirklich ganz schön schwer ist.
Die Tage sind so gleich, die Zeit vergeht so schnell und bei diesem Sommer habe ich das Gefühl, vom Winter direkt in den Herbst zu fallen. Mir ist kalt! Auch von innen.
Wie wird der Winter werden? Ich will nicht mehr in die Zukunft schauen, ich will nur das Jetzt und Heute. Auch negative Impulse versuche ich, von mir abzuleiten zu lassen, Positives aufzusaugen.
Doch ich lache immer noch gerne und viel, freue mich über die neuen Freundschaften. Alte gibt es nicht mehr. Manch einer macht mich zur "Aussätzigen", weil ich ja den "Ehebruch" meines Mannes auch noch nachträglich verzeihe und auch weiter toleriere. Ja, mich mit dieser Frau und deren Familie auch noch gut verstehe. Diese Menschen verkennen vollkommen die Bedeutung und die Entstehung dieser Beziehung. Als Jürgen vollkommen fertig, vollkommen verzweifelt war, hat niemand gesehen, wie es um ihn steht. Seine Zeichen und Rufe um Hilfe waren zu leise, wurden nicht als solche verstanden. "Du hättest doch nur anrufen müssen!" Wie auch immer, er konnte es einfach nicht. Und dann sind sich zwei Menschen begegnet, die keine Beziehung suchten. Da war ein Mensch, der verzweifelte. Da war ein Mensch, der fremd war, aber der die Verzweiflung gesehen hat. Dieser Mensch hat dann ganz viel Zeit und eigene Energie dazu verwendet und hat zugehört, Verständnis gezeigt und hat Jürgen aufgefangen, hat selber dabei die eigenen Energiereserven vollkommen aufgebraucht.
War es denn Schicksal, Vorsehung oder musste uns auch mal etwas Positives passieren? Egal, ich bin froh, dass mich mein Weg mit den beiden zusammentreffen ließ!
Dieser, mir bis dahin unbekannte Mensch, hat Jürgen, hat mich gerettet. Auch wenn so mancher ganz andere Motive für den Beginn dieser Beziehung sieht, für

deren Phantasie kann ich nichts. Ich bin einfach nur froh und glücklich, dass sich die Beziehung mit uns Dreien so entwickelt hat. Und wer das nicht verstehen kann oder nur einfach nicht will - schade. Vielleicht habt ihr mehr Verständnis, wenn ihr einmal in eine schier ausweglose Situation geratet.
So, das musste mal raus. Jetzt ist damit auch ganz viel negative Energie von mir abgefallen, abgeflossen und ich kann wieder Helle tanken.
Angst vor dem Winter will ich auch nicht mehr haben. Ich lasse mich einfach warm einpacken und werde schreiben, denn die Augen bleiben beweglich, auch wenn der Körper unbeweglich ist. Mir gehen so unendlich viele Gedanken durch den Kopf.
Ich lebe gerne hier, denn ich brauche meine Ruhe aber gleichzeitig Sicherheit. Das habe ich hier. Ich kann tun oder lassen, schlafen oder wach sein, Fernsehen und auch Musik hören dank Internet, was und wann ich möchte. Ich habe Glück, all das nutzen zu können. Diese ganzen technischen Möglichkeiten erlauben mir so vieles. Und doch denke ich, meine Einstellung zum Leben ist der entscheidende Schlüssel. Heute, jetzt und hier.

31.8.2017

Es regnet und ist kühl geworden. Wieder Energie und Zeit zu schreiben.
Wenn ich einfach nur den Gesprächen und Kommentaren zuhöre, kann ich nur mit dem Kopf schütteln. Da wird erst über diese doch so furchtbar helle Sonne gemeckert und dann hat es doch tatsächlich am Abend ein Gewitter gegeben, wo es dann auch noch geregnet hat. Und dann regnet es doch tatsächlich heute auch schon wieder. Wie schrecklich. Dann wagt es der Hausmeister doch glatt, ein Loch in eine Wand zu bohren, ohne vorher überall Bescheid zu sagen. Das ist doch wohl eine Unverschämtheit.
Es wird über Nichtigkeiten gejammert und gestöhnt. Leute, seht doch mal etwas Positives am Sonnenschein, am Regen, am Leben überhaupt. Mit den ganzen negativen Grübeleien verstellt man sich nur den Blick auf alles Schöne und seien es auch vielleicht nur Kleinigkeiten.
Da ist diese Wolkenformation, die aussieht wie eine riesige Biskuitrolle, an deren Enden die Füllung herausquillt. Da ist der einzelne Sonnenstrahl, der sich seinen Weg durch die dichte Wolkendecke gebahnt hat. Ein Kind lacht mich herzlich und offen an. Ich habe einmal warme Hände und Füße. Auch hier sind es ja auch nur Kleinigkeiten, aber es ist doch viel schöner, sich über Kleinigkeiten und Nichtigkeiten zu freuen, als sich über alles und jeden aufzuregen. Das macht doch nur schlechte Laune und gibt Falten.

6.9.2017

Atmen

Jeder macht es, ohne nachzudenken. Wenn wir auf die Welt kommen, tun wir es zum ersten Mal und wenn wir wieder gehen, tun wir einen letzten Atemzug. Ohne Luft können wir nun mal nicht überleben.

Meine Atmung funktioniert noch, wenn auch nur sehr flach und mit Hilfe der Bauchmuskulatur. Das ist eine ziemlich flache Atmung. Nur manchmal gelingt mir noch ein tiefer Atemzug, aber nicht immer sofort und wenn ich das unbedingt will, sondern das baut sich dann langsam auf. Also drei, vier, fünf Mal ganz konzentriert atmen, dann gelingt es vielleicht, einmal tief ein- und auch wieder auszuatmen. Ein Erfolgserlebnis.

Wie fühlt sich ein Hustenanfall an? Meist bemerke ich irgendwo hinten im Hals ein Kribbeln, oder ich verschlucke mich, meist an der eigenen Spucke. Erst presst sich die letzte Luft aus der Lunge und ich versuche, zwischen den Hustenanfällen wieder etwas Luft in die Lunge zu bekommen. Meistens gelingt das mehr oder weniger gut, dann endet es mit ein paar tiefen Atemzügen - und gut. Zwar anstrengend aber in Ordnung.

Doch dann gibt es auch noch eine weitere Variante. Da fängt der Körper an zu krampfen - zuerst schnürt es den Hals zu, dann verkrampft die Zunge und schließlich der gesamte Oberkörper..... Nichts geht mehr und die Lunge schreit nach Luft. Wenn ich jetzt der aufkommenden Panik Raum lasse, dann war`s das. Also muss ich mich konzentrieren, konzentrieren und nochmals konzentrieren, damit sich die Verkrampfung löst, ich wieder Luft bekomme. Doch es ist mir schon drei oder vier Mal passiert, dass sich die Verkrampfung nicht lösen wollte. Das ist ein eigenartiges Gefühl. Der Kopf wird irgendwie leicht, klar. Im Körper breitet sich ein Kribbeln aus, eine Art Wärme, die aber pulsiert und etwas sucht. Es ist ziemlich hell und der Körper scheint zu leuchten. Ich habe zwar Luftnot, aber es scheint nebensächlich. Will ich mich dagegen wehren? Gefühlt ist das eine ganze Zeit, die so vergeht, die Zeit läuft sehr langsam.

Aber ich bin scheinbar noch nicht soweit, noch nicht bereit.

So wehre ich mich gegen dieses Weggleiten, gegen die Verkrampfung. Aber nur nicht herumzappeln.

Laaaaaaangsam löst sie sich wieder, die Verkrampfung, der Körper schaltet wieder um auf Normalbetrieb und ich ringe um ein bisschen Luft. Wenn sich dann wieder alles normalisiert hat, bin ich sehr erschöpft, sinke mit geschlossenen Augen im Rollstuhl zusammen und bin fix und fertig.

Ich bin fest davon überzeugt, dass ich immer noch wieder zurückkehren konnte, weil ich in mir selber ruhe, ich dem Leben nicht böse bin.

Endlich mal wieder etwas höhere Temperaturen! Dieser Sommer ist ja wirklich ein Auf und Ab und jetzt werden die Tage auch schon merklich kürzer!

Och nee, ich mag das noch nicht.

Ich habe das Gefühl, ich sitze im ICE und die Zeit saust nur so an mir vorbei. Dabei würde ich gerne in einem alten Bummelzug mit Aufenthalt zum Blümchen pflücken sitzen. Jetzt geht es schon wieder ohne Umwege auf Weihnachten zu. Doch für kurze Zeit habe ich das Gefühl, die Zeit etwas zu überlisten. Ich ziehe die Notbremse und setze mich für zwei drei Stunden in den Garten und.... Tue nichts. Alles wird ruhig, alles wird glatt, alles fließt. Ich weiß, ich kann die Zeit nicht anhalten, aber es fühlt sich ein bisschen so an

10.9.2017

Eine   Überraschung

Da sitze ich vor dem Fernseher und schaue mir einen Krimi aus dem Internet an, als es leise an der Tür klopft. Herein kommt eine freundlich lächelnde Frau, die mich vor ein paar Wochen schon einmal besucht hat. Ich erinnere mich an sie, weil sie mich auf eine Art gerührt und ermutigt hat. Sie hatte den Zeitungsbericht in der WN gelesen und wollte mich gerne persönlich kennenlernen. Ihr Mann hatte auch ALS und ist vor etwa einem Jahr gestorben. Sie hatte aber die Krankheit und auch ihren Mann in eben der Krankheit nicht ganz verstehen können. Das erhoffte sie durch meine Bücher ändern zu können. Das hat mich angespornt, weiterzuarbeiten und zu schreiben.

 Und heute ist sie wieder hier. Ich bin ein wenig überrascht und bitte sie, sich zu setzen. Den mitgebrachten Blumenstrauß deponieren wir erst mal auf dem Tisch und sie setzt sich neben mich, damit sie gleich mitlesen kann, was ich schreibe. Wir unterhalten uns ein wenig und sie bedankt sich noch einmal bei mir. Endlich, endlich würde sie ihren Mann besser verstehen. Immer wieder sagt sie, alles wäre bei ihrem Mann genauso gewesen, wie ich es in meinen Büchern beschreibe. Ich lese, oder besser, ich lasse den Computer einige neuere Texte lesen. Immer wieder sagt sie: "Ja, genauso wie bei meinem Mann."

Eine Schwester kommt mit dem Abendessen herein. Die Frau verabschiedet sich und fragt, ob sie wiederkommen dürfe. Natürlich darf sie. Schon ist sie weg. Wieder habe ich vergessen, sie nach ihrem Namen zu fragen, denn ich würde ihr doch gerne einmal persönlich schreiben. Nun denn, schreibe ich und lese es ihr vor, wenn sie mich wirklich noch einmal besucht. Immerhin kommt sie aus Steinfurt.

10.9.2017

Worte an Jürgen
7 Jahre

Sind es wirklich schon 7 Jahre seit der Diagnose? Es ist kaum zu glauben wie schnell diese Jahre vergangen sind. An diesem Tag hatte ich das Gefühl, die Welt steht still oder löst sich auf. Sie hat uns verschluckt. Aber sie hat uns wieder ausgespuckt.
Der Aufprall war hart. Wir haben gekämpft - beide. Ich habe das Gefühl, du oft mehr als ich.
Mein Körper registriert Veränderungen, damit war und ist die Krankheit greifbar für mich. Für dich ist es erst nach und nach sichtbar, aber begreifbar?

Bei mir wurde mein Wille, meine innere Stärke, mit jedem Sturz, mit jeder Verabschiedung von Fähigkeiten stärker. Dir hat es zusätzlich Energie abgezogen, weil du hilflos daneben stehen musstest. Du hast mitgelitten, nein, du hast viel mehr gelitten als ich. Alles stürzte sich auf mich, die arme Kranke. Du wurdest geduldet. Das tat auch mir weh, denn ohne dich würde ich heute nicht mehr hier sitzen.
Du wurdest zerstört, zerrissen. Sophie hat dich wieder zusammengesetzt, hat dir den Rücken gestärkt und hat dir geholfen, wieder aufzustehen. Sieben lange kurze Jahre mit Tränen und Verzweiflung, mit Zusammenbruch und wieder aufstehen. Sieben Jahre, Jahre die ich mit einem lachenden und einem weinenden Auge betrachte. Es ist gut so wie es ist!

29.9.2017

Trübe

Heute muss die Musik einfach laut sein, damit meine Stimmung nicht so trübe bleibt wie das Wetter draußen.
Die Nacht war so mittelprächtig und ich habe auch irgend so einen Kuddelmuddel geträumt. Regentropfen hängen vor dem Fenster und sehen aus wie Tränen. Ich sitze da und hänge meinen Gedanken nach. Der dritte Winter hier im Heim, das dritte Weihnachten, das dritte Sylvester. Müde bin ich geworden, so müde. Aber wirklich aufgeben, jetzt? Oder doch noch diesen Winter durchhalten und auf einen zeitigen Frühling und einen schönen Sommer hoffen? Manchmal wäre es so einfach aufzugeben, nur noch dazusitzen und zu warten.

Ja, solche Tage gibt es. Einfach die Augen schließen und nichts mehr kontrollieren müssen. Weder die Atmung, das Schlucken, das Leben. Aber das würde ja allem widersprechen, was ich anderen immer vorleben will um Mut zu machen

Also zusammenreißen, Haltung annehmen und trübe Gedanken aus dem Kopf streichen. I'll win again.

Manchmal sind es auch Kleinigkeiten, die mich wieder in die richtige Spur bringen.

6.10.2017

Wo ist nur die Zeit geblieben?

Auf den Tag genau heute bin ich zwei Jahre hier. Zwei Jahre - auf der einen Seite, wo ist die Zeit geblieben? Zum anderen habe ich das Gefühl, schon ewig hier zu sein. Hier im Pflegeheim.

Nein, ich bedaure oder bereue das nicht, gar nichts. Doch, vielleicht, dass ich nicht früher zu dieser Erkenntnis gelangt bin. Ich hätte Jürgen – uns - einiges erspart. Aber hinterher ist man immer schlauer.

Schlimm war die Zeit, als Papa noch lebte und bettlägerig war. Die Versorgung von uns beiden musste einfach zu viel sein. Keine Nacht mehr schlafen und am Tag immer parat stehen und aufmerksam sein, neben dem Haushalt und allem, was noch mit der Pflege zusammen-hängt, das konnte einfach nicht gutgehen.

Doch am schlimmsten waren die letzten Tage zu Hause. Hilflos saß ich im Rollstuhl und wusste nicht mehr ein noch aus. Hilflos, nicht nur weil sich mein Körper nicht mehr steuern ließ. Vielmehr noch, weil ich nicht in der Lage war, Jürgen helfen zu können. Das tat mir körperlich weh.

Dann hat mich die Lösung förmlich angesprungen. Ich konnte uns beiden wieder eine Zukunft geben. Und ich habe diesen Schritt noch keinen Tag bereut. Es ist ein gutes Gefühl. Ich denke, ich konnte Jürgen das Leben wieder zurückgeben. Aber mir auch und dann Sophie. Wir können alle drei erhobenen Hauptes durch das Leben gehen. Auch wenn ich dafür inzwischen eine Kopf-stütze benötige. Ich fühle mich nicht um das Leben betrogen. Im Rückblick ist es nur einfach viel zu schnell an mir vorbei gerauscht. Die Zukunft ist immer viel zu schnell Vergangenheit.

Doch, ich sitze und sehe meine Bilderwand an und muss lächeln. Da hängt so viel, was mein Leben ausgemacht hat und immer noch ausmacht.

Die selbstgemalten Bilder, hier im Zimmer und auf den Fluren, stimmen mich fröhlich. Die Bilder von den Enkeln lassen mein Herz hüpfen. Die Erinnerung an die Zeit, als ich selbstständig Touren mit dem Rollstuhl unternommen habe. Da fühlte ich mich manchmal wie auf einer Expedition in unerforschte Gebiete. Wo führt wohl dieser Weg hin? Komme ich da wirklich hoch? Wie sieht es wohl dahinter aus? Wenn ich da nicht weiterkomme, komme ich den Berg wieder heil herunter? Ich habe es einfach ausprobiert. Zugegeben, ich bin auch Risiken eingegangen. Aber so habe ich mich lebendig gefühlt. Jetzt geht das nicht mehr, heute zuckele ich ewig langsam durch die Flure und den Garten. Aber ich bewege mich immer noch selber. Dank Kinnsteuerung. Aber bei dem Gedanken an meine Touren durch den Teutoburger Wald muss ich breit grinsen.
Also, ich sitze nicht verbittert im stillen Kämmerlein und traure der Vergangenheit hinterher. Nein, ich ziehe viel Kraft aus ihr und freue mich über die Gegenwart. Zukunft? Ich lasse sie auf mich zukommen. Wie schnell ist die Zukunft Gegenwart und in einem Augenblick Vergangenheit. Ich habe es gut getroffen!

Ab 9.10.2017

Der Herbst hält Einzug - in der Natur und im Denken

Also wirklich, 4 Grad heute früh! Da will sogar ich im Bad die Heizung anhaben. Was soll's, das Wetter ist ein unerschöpfliches Thema.

Am Wochenende war ich fleißig und habe viele Mails geschrieben und ich habe sogar schon einige sehr herzliche Reaktionen darauf erhalten. Das tut so gut. Jetzt sitze ich hier, fast in der Heizung und höre Oldies der 60iger und 70iger Jahre und fühle ein wenig diese Zeit. Eine spannende, aufregende und lehrreiche Zeit. 50 Jahre, wo sind die nur hin?

Regen, duster und einfach nur igitt.
Ein paar Tage später dann tatsächlich so etwas wie goldener Herbst. Der Tag fängt schon mit Sonnenschein an. Jürgen holt mich vormittags ab und fährt mit mir zur LWL Klinik. Ich sitze, sehe den strahlend blauen Himmel und die farbigen Blätter in der Sonne leuchten. Manchmal blitzt sie durch das Blätterdach und scheint in mein Gesicht. Ich sitze im fahrenden Rollstuhl, den Blick nach oben gewandt und lasse das alles auf mich wirken. Jetzt geht es mir gut und dieses Gefühl kann ich dann später wieder abrufen, wenn es dunkel, kalt und ungemütlich ist oder es mir mal nicht so gut geht. Aber nicht nur unterwegs habe ich ein gutes Gefühl. Auch hier im Garten kann ich das genießen - diese Stille, das Licht und den Wind, alles das habe ich hier auch. Das macht mich ruhig und zufrieden.
Auch die Luft wird mir draußen selten knapp. Drinnen jetzt wieder vermehrt und ich reagiere stark auf Gerüche, Temperaturwechsel und, besonders bei der Pflege, auf Veränderungen meiner Körperposition, wenn also Muskelpartien plötzlich gedehnt werden.

Neulich habe ich einen Film gesehen, in dem ein Mann mit ALS starb. Er hatte kaum noch die Kraft, selbstständig zu atmen. Irgendwann hatte er dann beschlossen, dass er genug gekämpft habe. Er ließ die Zufuhr von Nahrung und Flüssigkeit einstellen und sich durch die Ärzte in eine Art Dämmerschlaf versetzen. Die Atmung wurde immer flacher und hörte irgendwann auf. So könnte ich mir das für mich auch vorstellen. Eine gute Perspektive. Mal sehen, was die Ärzte dazu sagen. Ähnliches hatte ich vor langer Zeit schon mit einem Arzt in der Klinik besprochen.

20.10.2017

Grau und trotzdem bunt

Heute ist ein wirklich trüber, nasser und kühler Tag. Aber was soll's, ich habe gute Laune. Geschlafen habe ich sehr gut. Zwar bin ich im Traum mal wieder ziemlich herumgeirrt und fand nach einem Ausflug den Heimweg nicht mehr, aber das hat mir nichts ausgemacht. Im Gegenteil, ich bin herumgehüpft und fand die neue Landschaft spannend.
Gerade kam eine Pflegerin herein und gleich muss ich husten. Sie hatte in der Pause eine Zigarette geraucht. Mein empfindlicher Geruchssinn schlägt gleich Alarm und ich muss sofort husten. Ja, das Husten kann man sich nicht abgewöhnen....
Weiter im Text.
Im Rollstuhl sitze ich immer wie ein Fragezeichen. Das ist auf Dauer unbequem, drückt mir schmerzhaft in die rechte Seite und führt zu Verspannungen. Eine Schwester hat schon ein Kissen genäht, das man zwischen Rippen und Armauflage klemmen kann um das etwas abzupolstern. Die Atmung wird dadurch allerdings behindert. Das ist also keine dauerhafte Lösung, zumal es trotz Kissen schmerzt.
Gestern war dann jemand von einer Firma hier, die Sitzschalen für Rollstühle herstellen, die individuell auf den Körper und Bedürfnisse des Nutzers zugeschnitten werden, ohne die Funktionen des Rollstuhls zu beeinträchtigen. Zwar müsste ich für etwa zwei Wochen während des Umbaus auf meinen Rollstuhl verzichten, aber das überstehe ich dann auch mal. Dann müssen alle nur die Daumen drücken, dass die Krankenkasse mitspielen wird.
Jetzt sitze ich hier am Fenster, schaue dem Regen zu und freue mich meines Lebens. Die bunten Blätter an den Bäumen vor meinem Fenster tropfen vor Nässe, sitzen aber noch recht fest an den Zweigen. Nicht lange, dann strecken die Bäume ihre nackten Gerippe wieder in den Himmel und Weihnachten kommt wieder ganz plötzlich. Alles wie immer.

26.10.2017

Gefühlskarussell

Manchmal wundere ich mich über mich selber - wie kann ich an einem Tag nur so unendlich kaputt, müde niedergeschlagen sein und am nächsten Tag das Gegenteil. Da wache ich auf und merke, dass heute nicht nur ein anderer Tag ist, mein Körper scheint auch ein anderer zu sein. Na ja, bewegen kann ich mich heute auch nicht, aber grinsen über das Quietschen und Pfeifen der verrutschten Atemmaske. Was soll ich mich darüber ärgern oder aufregen, gleich kommt jemand und hilft mir, denn die übliche Kontrolle wird jeden Moment reinschauen.
Aber wie kann es sein? Wieso habe ich heute nur ein so positives Grundgefühl? Es hat sicher auch etwas damit zu tun, dass ich mir den gestrigen Tag von der Seele geschrieben habe. Meine Schwäche, meine Tränen, meine Unfähigkeit, mich verständlich zu machen, meine Traurigkeit. Schreiben, alleine schreiben, macht mich schon zufrieden. Was habe ich für ein Glück, dass es die technische Möglichkeit gibt, mit den Augen zu schreiben und ich sie nutzen darf.

27.10.2017

Husten - wir haben ein Problem

Eigentlich sollte es heute doch schön werden!? Der Himmel sieht grau aus, aber kalt ist es nicht. Man kann die Sonne hinter dem grauen Schleier erahnen, doch leider bleibt es auch dabei.
Jürgen und ich wollen ein wenig einkaufen und bummeln durch die Stadt. Das Atmen fällt mir heute schwer und durch die Schüttelei auf unebenem Untergrund und der Temperaturwechsel zwischen draußen und drinnen löst sich jede Menge Schleim. Heftiges Husten schüttelt mich und der Schleim bahnt sich den Weg nach oben und mitten auf dem Parkplatz kommt er heraus. Etliche Tücher spucke ich voll und irgendwann sinke ich ziemlich erschöpft zusammen.
Zurück in meinem Zimmer, geht das Ganze dann weiter, nur nicht ganz so heftig. Da kann nichts mehr auf der Lunge sein! Ich bin jetzt total fertig, fix und fertig. Der Atem geht schwer und die Augen fallen einfach zu. Ich brauche Erholung.
Eine gute Stunde schlafe ich und dann sitze ich noch ganz ruhig und höre Musik. Jetzt schmeckt auch das Stück Schokolade das ich gerne zur Kaffeezeit lutsche. Ich fühle mich wieder viel besser, auch weil kein Schleim mehr stört.
Ich habe das Gefühl, das Abhusten, ohne Unterstützung durch den Hustenassistenten, ist effektiver und nachhaltiger. Auf den ersten Blick mutet das vielleicht anstrengender an, bringt aber mehr Schleim heraus und auch mehr Luft herein. Am nächsten Tag fühle ich mich immer putzmunter.

2.11.2017

Die Zeit rennt

Wie denn. Nächsten Monat ist Weihnachten? Tatsächlich haben wir schon November, diesen kalten, nebeligen, nassen und dunklen Monat. Den habe ich noch nie gemocht. Gefühlt möchte ich mich einrollen und zum Winterschlaf hinlegen und alles verschlafen. Müde, müde, müde. Aber das kann ich ja immer noch, wenn ich durch die Urne riesele.
Augen auf, durchatmen, zusammenreißen und neu starten.
Ich bin immer noch hungrig, hungrig nach etwas Leben, auch wenn ich es nur noch in ganz kleinen Häppchen genießen kann, weil ich mich sonst daran verschlucken könnte, am Leben.
Viel Zeit verbringe ich mit Denken bei geschlossenen Augen, nicht um zu schlafen, sondern weil ich sie nur ausruhen muss. Es ist sehr anstrengend für die Augen, die ganze Arbeit für meine Arme und Stimme mit erledigen zu müssen. Na ja, wenigstens teilweise. Wie könnte ich mich sonst noch ausdrücken? Meine Gedanken und Wünsche würden ungehört bleiben. Ich würde ungehört bleiben.
Lange musste ich dafür üben. Deswegen kann ich nur jedem ans Herz legen, nach einer Diagnose, die einen Verlust der Stimme beinhaltet, frühzeitig nach Möglichkeiten zu suchen sich unter Mithilfe von Technik mitzuteilen.
Früher habe ich mich oft nicht getraut zu sprechen, flache, nichts-sagende Plaudereien haben mich nicht interessiert. Heute beschränke ich mich sowieso nur auf das Wesentliche und was für mich wichtig ist. Und dabei habe ich jetzt eine viel lautere Stimme, wo ich nicht mehr sprechen kann.
Ich habe durchaus viel zu sagen, möchte anderen helfen, dass sie von meinen Erfahrungen, Ängsten, Kämpfen, Hoffnungen, Niederlagen und Erfolgen profitieren können.
Da geht auch so ein Monat wie der November vorbei. Die Krankheit hat mich stark gemacht. Ich wünsche mir nur ein wenig Respekt und Toleranz.

3.11.2017

Eine Feier

Wir, Sophie, Jürgen und ich, sind zu einem Geburtstag eingeladen worden. 140 Jahre, zusammengelegt von zwei Geburtstagskindern á 70 Jahre. Wir kennen den Kreis der Gäste schon sehr lange. Alles ehemalige Handballer und deren Partner. Ein Kreis, der unsere besondere Dreierbeziehung akzeptiert und wir inzwischen auch zu dritt eingeladen werden.
Diese Menschen haben uns verstanden, können unsere Beweggründe, zum Teil aus eigener Pflegesituation, nachvollziehen. Von ihnen kommen keine Ratschläge aus irgendwelchen Quellen ohne eigene Erfahrungen. Sie reden mit uns und nicht nur über uns. Ich freue mich auf den Abend.
Jürgen holt mich ab, packt mich warm ein und wir rollen durch die Dunkelheit zum Lokal. Dort sind schon einige andere und warten vor der Tür. Unterwegs ist Sophie zu uns gestoßen und wir werden herzlich begrüßt.
Tobi, meinen Sprachcomputer, habe ich Zuhause gelassen. Es ist schwierig bei den Lichtverhältnissen und mit so vielen Menschen die enorme Konzentration aufzubringen, Gesprächen zu folgen und gleichzeitig Fragen oder Antworten zu formulieren und mit den Augen zu schreiben. Das ist dann alles und nichts. Ich höre lieber einfach nur zu und beantworte Fragen durch Nicken oder Kopfschütteln. Wenn sich jemand wirklich ernsthaft mit mir unterhalten möchte, dann ist das bei mir Zuhause eher möglich.
Drinnen übernehme ich wieder die Steuerung vom Rollstuhl und ich fahre an einen Platz, von wo ich eine gute Sicht auf das Geschehen habe und gleichzeitig niemanden behindere. Ich fahre den Stuhl hoch, so dass ich auf Augenhöhe mit den anderen Menschen bin. So kann ich den Trubel rundherum sogar genießen, ohne dass ich selber so im Mittelpunkt des Interesses stehe.
Später sitzen alle an großen runden Tischen. Für mich ist ausreichend Platz zum Manövrieren und das Buffet ist ganz in unserer Nähe.
Für mich gibt es extra eine Portion Bandnudeln, in Butter geschwenkt und mit Soße. Lecker.
Da gibt es nur ein Problem. Die aufsteigenden Gerüche der warmen Speisen und die Feuerchen zum Warmhalten nehmen mir den Atem. Es fühlt sich an, als ob die Luft immer dicker würde. Das Atmen wird immer schwerer. Ich muss husten, ich fange an zu schwitzen, ich muss die Luft regelrecht pumpen. Ich muss hier raus. Leider.
Sophie und Jürgen bringen mich nach Hause. Schon unterwegs geht es mir deutlich besser. Im Rahmen meiner Möglichkeiten kann ich wieder richtig atmen. Ich bin dann aber doch froh, wenig später in meinem Zimmer zu sitzen. Ich schmeiße die beiden fast raus und verbinde damit die Hoffnung, dass Sophie und Jürgen wieder zurück auf die Feier gehen. Es ist mir sehr wichtig, dass Jürgen langsam wieder mit Spaß an solchen Veranstaltungen teilnimmt und Sophie gleichzeitig herzlich aufgenommen wird. Das macht es mir leichter.

11.11.2017

Typisch

Tatsächlich typisch November - Nebel, kalt, Regenschauer. Ein paar Bäume
tragen noch ein buntes Kleid. Doch die meisten Blätter werden durch den Wind
herumgewirbelt oder liegen schon längst nass und schmutzig irgendwo am
Boden.
Früher sind wir oft zu dieser Zeit nach Osnabrück gefahren, um
Weihnachtseinkäufe zu machen. Das war immer wie ein Tag Urlaub. Jürgen hat
sich einen Tag frei genommen und wir haben unsere Einkäufe erledigt, etwas
gegessen, Kaffee getrunken und einfach den Tag genossen.
Einmal sind wir bei schönem Wetter losgefahren und nachmittags fing es heftig
an zu schneien. Zu der damaligen Zeit hatten die wenigsten Autos Winterreifen
und so rutschten sie den Teutoburger Wald halb rauf und wieder runter. Das
wäre etwas für Pleiten, Pech und Pannen gewesen. Wir fanden es lustig, unser
Auto blieb heil, alles gut.
Der November ist also nicht nur grau und trüb, auch Schnee kann es geben
oder auch tatsächlich mal einen Tag mit Sonnenschein und blauem Himmel.
Genau so ist das mit meinem Gemütszustand. Ich darf mich nur nicht einfach
gehen lassen.
Wenn ich das einfach zulassen würde, dann könnte ich Tag und Nacht
durchschlafen. Ich muss mich selbst antreiben, etwas zu tun. Zum Beispiel
schreiben. Wenn ich diese Trägheit, mich treiben zu lassen, überwunden habe,
ist diese bleierne Müdigkeit wie weggeblasen. Dann steigt auch meine gute
Laune. Auch so ein Tag wie heute trägt dazu bei.
Unsere Enkelin hat beschlossen, Messdienerin zu werden. Heute ist der große
Tag - die neuen Messdiener werden feierlich eingeführt. Es ist ein festlicher
Gottesdienst, trotzdem locker und kindgerecht. Es wird erklärt, was die Symbole
wie Kreuz, Licht, Weihrauch für eine Bedeutung haben. Es wird gebetet,
gesungen geklatscht und gelacht. Die Stunde vergeht so schnell und selbst der
Weihrauch hat keinen Hustenanfall ausgelöst. Johanna ist ganz stolz auf ihr, ja
wie nennt man das eigentlich, Gewand? Ich nenne es mal Messdienergewand in
rot und weiß und dass sie jetzt dabei ist. Wir sind auch stolz auf sie. Wie gerne
würde ich sie noch mal im Arm halten, so wie früher!!!
Aber ich will nicht wehmütig werden. Mich lieber freuen, was ist.
Wir rollen rundum zufrieden durch die Dunkelheit und pünktlich um sieben bin
ich zur Abendpflege wieder zurück in meinem Zimmer. Noch ein paar Stunden
gemütlich warm und sicher sitzen, den Gedanken nachhängen, Fernsehen
schauen und dann ins Bett. Perfekt.

14.11.2017

Schwarzer Humor

Trotz oder gerade wegen der Krankheit habe ich einen Sinn für Humor, besonders schwarzen. Wer nicht selber betroffen ist, hat oft kein Verständnis dafür, dass man sich köstlich über Witze, die die Behinderung als Thema aufgreifen, amüsieren kann. Ich schon!
Noch ein Thema, über das "man" nicht spricht, ist der Tod und das Sterben. Dabei betrifft es doch jeden. Den einen früher, den anderen später.
Wenn ich mich jetzt mal heftiger verschlucke oder ich so unendlich müde und fertig bin, dann kommt mir schon mal in den Sinn: "Ist es das jetzt gewesen? Sieht so mein Ende aus? " Es ist nicht verstörend oder beängstigend. Eher bin ich da neugierig.
Mit allen Sinnen die Welt wahrnehmen. Laute Musik hören, dass es in den Ohren dröhnt. Leise Töne fühlen. Licht und Schatten, süß und sauer, heiß und kalt, rauh und glatt, spitz und rund, Gestank und Duft....
Aber vor allem sich und seine Situation nicht immer so ernst und verbissen sehen, Situationskomik zulassen. "Du hast da alles Stippchen auf dem Rücken. Schon länger? ""Nein, die sind nur auf Stipp-Visite!"
Und wenn ich sage, dass ich noch genug Bewegung bekomme, wenn ich durch die Urne riesele, dann darf darüber gelacht werden.

23. 11.2017

Erstens kommt es anders und zweitens als man denkt
Heute ist unser Hochzeitstag, 44 Jahre sind wir heute verheiratet. Diesen Tag verbringen wir gemeinsam - in Münster im Schlaflabor. Es gibt sicher schönere Orte, aber ich habe meinen üblichen Termin für die Überprüfung. Diesmal bleibt Jürgen mit hier, um mich zu unterstützen. Ich gehe davon aus, dass eine Nacht reicht und wir am nächsten Nachmittag wieder zurück sind. Aber es kommt anders.
Zunächst ist es wie immer - der blaue Flitzer findet fast von alleine den Weg und wir bekommen tatsächlich einen Behindertenparkplatz in der Nähe vom Eingang Ost. Der Weg ist also nicht weit. Dann stehen wir vor den Aufzügen - und warten. Zumindest sagt uns jetzt das System, welcher Aufzug für uns kommt, nur nicht wann. Endlich oben, warten wir vor der Aufnahme. Aber egal. Dafür geht die Blutentnahme ohne Probleme.
Unser Zimmer ist fertig und wir ziehen ein. Eines der neueren Zimmer mit großem Fernseher. Alles gut. Dieses Mal muss ich nicht ALLES erklären, Jürgen kann vieles erledigen, helfen oder Tipps geben. Das spart mir Energie und Nerven.
Zwei Ärztinnen und ein Techniker kommen, fragen und erklären.
Aufgrund der ausgelesenen Daten werden ein paar Einstellungen an dem Beatmungsgerät vorgenommen. Wenn es hilft.

Wir müssen noch ein paar Fragebögen ausfüllen und dann ist erst einmal Ruhe. Bevor ich am Abend verkabelt werde, kommt die Schwester und wäscht mich und zieht mich für die Nacht um.
Um kurz nach zehn soll ich dann ins Bett. Die ganzen Kabel sind gebündelt und verschwinden in einer Art Umhängetasche und stören gar nicht so sehr.
Es ist ein ziemliches Gewürge, ehe ich vom Rollstuhl aus im Liftertuch hänge und das noch einmal, bis ich passend im Bett liege. Uff. So bekomme ich schlecht Luft und so bin ich richtig froh, als ich die Maske aufgesetzt bekomme. Luft!
Noch eine Schlaftablette über die Sonde. Hoffentlich schlafe ich schnell ein! Es ist zwar ungewohnt und nicht so sehr bequem, aber es gelingt trotzdem. Gefühlsmäßig habe ich gut geschlafen. Der Computer und die ausgewerteten Daten sagen etwas anderes. Besorgte Gesichter rundherum. Die Sauerstoffsättigung ist schlecht, die Ausatmung auch und ich atme gegen die Maschine. Schlecht.
Ich möchte nicht über das Wochenende hier in der Klinik bleiben. Natürlich könnte ich gehen, aber das wäre zu kurz gesprungen. Ich lasse mich überzeugen und wir bleiben noch für weitere zwei Nächte. Aber so richtig erfolgreich sind die gemachten Veränderungen nicht. Es wird vereinbart, dass ich in drei Monaten wieder für mehrere Nächte zurückkomme.

01.12.2017

Ein schwieriges Thema

Kann man mit mir über meinen Tod sprechen? Denn darauf läuft es doch hinaus. Die Krankheit ist nicht aufzuhalten. Wenn ich gar nicht mehr richtig atmen kann, dann ist es Zeit, Abschied zu nehmen.
Beim nächsten Besuch im Schlaflabor werden wir offen ansprechen, wie meine Chancen bei derzeitiger Therapie stehen und ob es noch Möglichkeiten gibt. Aber es ist und bleibt eine Tatsache, dass mich diese Krankheit besiegen wird. Gesprochen haben wir schon oft darüber.
Ich frage mich seit Jahren, wieso ich überhaupt so lange durchhalten konnte. Ich will ja auch noch weiter kämpfen und ein schöner Gedanke ist es, vielleicht noch einen Frühling, einen Sommer zu erleben. Aber das Ende der Straße wird immer deutlicher sichtbar. Ich habe keine Angst.

03.12.2017

Die Voraussetzungen werden im Februar anders sein als sie im November waren. Der dunkle Monat drückt mich immer zusammen und das macht sich wirklich an der Atmung bemerkbar. Ich möchte mich einrollen, die Decke über den Kopf ziehen und die Dunkelheit verschlafen und erst im Februar wieder atmen und ich sein.

Der Februar ist zwar auch kalt, meist kälter als der November und Dezember, aber die Luft klar, sauber, hell, ja, helle Luft, die ich atmen kann. Oft gibt es Schnee der alles noch heller macht, die Geräusche dämpft und alles weicher macht, leichter macht.

Der Besuch im Schlaflabor im November hat mir im Vorfeld doch ein wenig Kopfzerbrechen gemacht. Zum einen war es schon 9 Monate her seit der letzten Überprüfung und natürlich habe ich Veränderungen bei mir registriert. Zum anderen ist es das erste Mal, dass ich nicht alleine bleiben soll. Das hat mich auf der einen Seite beruhigt, auf der anderen Seite habe ich da an Jürgens Belastung gedacht. Das hat mir Sorgen gemacht.

Das ganze Drum und Dran hat mich natürlich geschafft und darüber habe ich glatt vergessen, die Bänder der Maske immer verstellen zu lassen, so dass es öfter pfiff, die Luft nicht in meine Lunge, sondern in die Umgebung gepustet wurde. Das hat mit Sicherheit die ganzen Werte beeinflusst und unser beider Schlaf gestört.

Das sollte beim nächsten Mal nicht wieder passieren. Warum ich mir vom nächsten Besuch mehr Erfolg verspreche. Ich gehe wesentlich ruhiger an die Sache, weil wir beide wissen, was auf uns zukommen wird.

10.12.2017

Schnee

Heute ist der Winter tatsächlich eingezogen. Es schneit und von meinem Zimmer aus sehe ich dem Flockenwirbel zu. Früher wäre ich jetzt nach draußen gegangen und durch den Schnee gelaufen, hätte das Gesicht in den Wind gehalten und die Flocken auf der Haut gespürt. Hätte das Knacken unter den Füssen gespürt und gehört, die klare Luft eingesogen, den gedämpften Tönen gelauscht. Hört sich alles wehmütig an? Ja ist es auch, denn das ist eines der wenigen Dinge, die ich am Winter gemocht habe. Ist vorbei. Punkt.

Neues Thema.

Die neue Sitzschale dauert noch. Es ist jetzt nur schon mal ein Körperabdruck von mir gemacht worden. Mit so einer Art Vakuumkissen. Jetzt wird das Ganze als Rohfassung einmal angepasst und ich bekomme den Rollstuhl in alter Form zurück. Nach Feintuning muss ich noch einmal ein paar Tage für die endgültige Montage auf den Rollstuhl verzichten, um dann hoffentlich besser sitzen zu können. Braucht eben alles seine Zeit.

Was meine nächtliche Atemunterstützung betrifft - es wird schwieriger. Die neuen Einstellungen helfen mir durch etwas langsameren Druckaufbau, dass die Atemwege nicht dicht machen. Die Atemfrequenz wurde erhöht, da ich zum Teil gegen die Maschine gearbeitet habe. Bei jetzt 18 Atemzügen pro Minute passt es besser.

Aber andere Einstellungen haben nicht zum gewünschten Ergebnis geführt. Wir müssen im Februar wieder nach Münster. Es wird dann nochmals versucht durch neuerliche Einstellungen, die anderen Probleme in den Griff zu kriegen. Nur irgendwann kann man mit der Art von Beatmung nicht mehr alles abfangen.

Eine Dauerbeatmung will ich nicht. Ich will nicht ständig mit einem Schlauch im Hals leben.

Ja, dieser Zeitpunkt wird irgendwann kommen. Mir wird buchstäblich die Luft wegbleiben.

Aber ich habe keine Angst. Das Leben hatte so viele Überraschungen für mich parat. Überwiegend positive und nur einige negative. Wie lange jetzt meine Kraft noch ausreicht zu atmen - niemand kann es mir beantworten. Wochen oder Monate, ein Jahr oder gar länger? Ich versuche zu leben, aber nicht um jeden Preis.

Weihnachten

Weihnachten ist durchwachsen. Im Vorfeld ist es anstrengend. Irgendwie ist alle und alles unheimlich wuselig und es gibt noch etliche Menschen, die es gut mit mir meinen - sie statten mir noch eben kurz vor Jahresende einen Besuch ab. Sie geben sich sozusagen die Klinke in die Hand. Alle bringen kleine Geschenke und Neuigkeiten mit. Sie meinen es alle gut, aber es schafft mich doch sehr. Was ich zusätzlich geschenkt bekommen habe - eine Erkältung. Ganz ehrlich, darauf hätte ich verzichten können. Es fängt mit Halsschmerzen an. Aber ich kann nicht gurgeln oder irgendetwas lutschen, also lasse ich mir die Zunge gründlich mit der Bürste reinigen. Das hilft auch, aber ich bekomme rechts oben Zahnschmerzen. Aha, das kenne ich schon - die Erkältung zieht in die Nase und die Nebenhöhlen. Oooooch nee, jetzt bekomme ich nur durch den Mund Luft. Dabei trocknen die Schleimhäute aus und Husten ist die Folge. Niesen und tränende Augen kommen dazu. Ich lasse mir mehr Tee geben und ACC bekomme ich ja sowieso dauerhaft. So huste und niese ich mich durch die Tage. Wenigstens kommt der ganze Dreck heraus. Nur ist das natürlich alles anstrengend und mir tut bald der Bauch und die Brust weh. Der schlimmste Tag ist der Heiligabend. Dabei haben wir doch so viel vor. Aber ich muss alles absagen. Selbst der Kirchgang muss ausfallen. Ich darf mich einfach nicht überanstrengen. Also lieber warm eingepackt schlafen, schlafen und schlafen. Das hilft. Nase und Nebenhöhlen sind wieder frei und husten muss ich auch kaum noch.

Dann können wir doch noch ein bisschen Weihnachten feiern und verbringen einen Nachmittag mit vier unserer Enkel. Ich freue mich wie immer, die Kinder zu beobachten und ihnen zuzuhören. Sie zu erleben gibt mir immer Kraft und Zuversicht. Sie sind so voller Leben und sprühen vor Lebenslust.

Es ist ein etwas anderes Weihnachten.

Aber ich habe eine Erkältung überstanden und seit neustem spielen die Muskeln am Hals Hulahopp. Der Kopf nickt oder neigt sich in eine Richtung - ganz von alleine. Was für ein toller Trick.

2.1.2018

Neujahrskonzert

Das neue Jahr ist tatsächlich schon wieder zwei Tage alt. Unglaublich. Heute ist ein besonderer Tag, denn wir gehen zu dritt zum Neujahrskonzert. Am Vormittag kommt Sophie zu mir. Wir müssen noch das Geschenk für Jürgen fertig machen, denn morgen hat er Geburtstag. Er wird doch tatsächlich schon 70! Ich kann es kaum glauben.

Sophie und ich wollen ihm ein besonderes Geschenk machen, sozusagen ein Zeichen setzen. Wir haben eine befreundete Fotografin gebeten, Aufnahmen von uns zu machen. Wir verabreden uns für Anfang Dezember bei mir. Henrike bringt gute Laune mit und auch Sophie und ich strahlen um die Wette. Wir sind ein bisschen aufgeregt. Henrike dirigiert uns gekonnt und mit Witz durch die Aufnahmen. Wir haben wirklich richtig Spaß und ehe wir uns versehen, sind die Aufnahmen im Kasten.

Es sind wirklich schöne Aufnahmen geworden - wir beiden zusammen, aber auch einzeln. Für Jürgen suchen wir zusammen ein Bild aus. Darauf sieht man, dass wir uns mögen und Spaß zusammen haben.

Heute früh ist Sophie gekommen, um die Vergrößerung einzurahmen und schön einzupacken. Dann wird es wieder im Schrank versteckt.

Am Abend holen mich Sophie und Jürgen dann ab und gemeinsam geht es die paar Meter zur Gempthalle. Im Vorraum treffen wir schon auf viele Bekannte und es ist ein munteres Hallo und gute Wünsche für das neue Jahr. Tatsächlich trifft man ja immer wieder auf die gleichen Menschen auf solchen Veranstaltungen, aber das ist ja auch kein Wunder bei gleichen Interessen und dem Angebot hier in der Gempthalle.

Dieses Mal haben wir Plätze in der ersten Reihe. Es spielt das Symphonieorchester Regionale Westfalen bekannte Stücke von Strauß, Dvorak und anderen. Es ist wirklich toll. Ich sitze fast neben der ersten Geige. Die Musik kann ich nicht nur hören sondern im Körper spüren. Es ist so ein besonders Gefühl. Ich höre sonst auch viel Musik, aber eben nur mit den Ohren.

Viel zu schnell ist das Konzert vorbei und ich steuere den Rollstuhl erst mal selber durch die Halle in den Vorraum. Ab da fährt mich Jürgen wieder.

Wir wollen eigentlich noch in Jürgens Geburtstag herein feiern, denn es ist schließlich ein runder. Aber das wird mir zu anstrengend und so geben wir Jürgen unser Geschenk schon früher, denn Sophie und ich sind ganz gespannt wie es ankommt. Und es kommt offensichtlich an. Erst kann er gar nichts sagen und die Augen werden feucht, schließlich umarmt er uns lange. Sophie, wir haben es richtig gemacht!

4.1.2018

Gefühle

Was für eine Achterbahn der Gefühle ist das denn heute! Die Nacht ist nicht gerade sehr erholsam, denn das Ventil vom Katheter ist nicht ganz offen. Ich wache irgendwann auf und merke - ich muss. Kann ja eigentlich nicht. Wenn das Ventil offen wäre.
Ich versuche mich zu konzentrieren und schaue immer wieder auf die Uhr. Die Minuten kriechen dahin und ich hoffe, dass der Kontrollgang der Nachtwachen bald durchkommt. Irgendwann geht nichts mehr und der Urin läuft ins Bett. Es ist unangenehm, aber entspannend. Dann nicke ich wohl wieder ein und verpasse zwei Durchgänge der Nachtwachen, denn sie sind immer sehr leise. Aber dann drückt die Blase wieder und die Nässe wird auch sehr unangenehm.

Ich versuche diesmal wach zu bleiben und eine weitere Überschwemmung zu verhindern. Und es gelingt. Als dann die Tür aufgeht, bin ich heilfroh.
Endlich ist das Ventil ganz auf und der Druck ist weg. Ich bekomme eine Rollkur, damit das Bett neu bezogen werden kann und ich ein neues Nachthemd angezogen bekomme. Inzwischen ist es schon nach vier Uhr und richtig schlafen kann ich nun nicht mehr.
Mir geht so viel durch den Kopf.

Heute ist Dieters Beerdigung, Jürgens Vetter. Er kennt ihn seit 60 Jahren und ich ihn auch schon über 50 Jahre. Es macht nachdenklich. Die Uhr tickt unaufhörlich und laut.
Der Morgen vergeht, ich friere, denke und schlafe.
Nachmittags holen mich Jürgen und Sophie ab. Mir ist nicht mehr ganz so kalt, ich lasse mich aber warm einpacken.
Wir kommen pünktlich zur Kirche und es sind schon viele Menschen da. Ruhige Musik erfüllt den Raum. Jeder bekommt beim Eintreten ein Teelicht, um es vorne an schon brennenden anzuzünden und auf einem Tablett abzustellen neben der Urne und einem Bild von Dieter. Das alles strahlt so eine Ruhe und Wärme aus. Es wirkt so feierlich und außer der Musik ist nichts zu hören. Zwei Stücke bleiben hängen, weil sie so passend sind. *Über sieben Brücken musst du gehen* und *Bridge over troubled Waters*. Dieses sind zwei Lieder, so passend und aufrührend, dass bei mir leise die Tränen kullern. Dazu bei trägt aber auch die Trauerrednerin, die ein so lebendiges Bild von Dieter malt und dabei viele tröstliche Worte findet. Es kullern jede Menge Tränen bei mir.
Die eigentliche Urnenbeisetzung auf dem Friedhof ist kurz und wir wollen danach nur noch nach Hause, um alles nachwirken und sacken zu lassen.
So bin ich auch noch immer in Gedanken versunken als die Tür aufgeht. Und schon wieder kullern ein paar Tränen. Denn herein kommt mein jüngerer Sohn. Aber dann nimmt er mich einfach in den Arm. In den nächsten zwei Stunden unterhalten wir uns. Die Zeit ist so schnell vergangen und mit dem Versprechen, in diesem Jahr öfter zu kommen, verabschiedet er sich.

7.1.2018

Sonne!

Man sollte sich das Datum merken - mein erstes Sonnenbad in diesem Jahr. Ich muss einfach raus bei dem Wetter. Sonne, aber kalt. Ich lasse mich warm einpacken und fahre in den Garten. Ich kann gut durchatmen, der Wind kommt aus Osten und ist wirklich kalt. Aber die Sonne wärmt schon ein bisschen und an einem windgeschützten Platz ist es richtig gemütlich, für mich jedenfalls. Innerlich taut es schon ein wenig auf bei mir, wird wieder weicher, sanfter, geduldiger. Mit mir und, hoffentlich, auch mit anderen.
Eine gute Stunde bin ich draußen und fühle mich pudelwohl. Die Sonne ist inzwischen hinter dem Haus verschwunden und es wird kalt, aber gleich komme ich ja wieder ins warme Zimmer. Ein schöner Tag.

17.1.2018

Wetter - ein unerschöpfliches Thema

Es schneit. Nicht so kleine Flöckchen, richtig wie große dicke Wattebäusche, die vom Himmel kommen. Sie segeln nicht langsam von oben, sondern werden fast waagerecht vom Wind vor sich her getrieben.
Ich sitze und sehe diesem Flockenwirbel zu, sehe wie alles weiß zugedeckt wird. Das geht eine ganze Weile und ist richtig spannend. Dann geht der Schneefall in Graupel über. Sagt da jemand das sei langweilig? Mag sein, aber der Kopf braucht Zeit zum Denken, Ideen zu entwickeln. Keine Dauerberieselung, sondern ganz einfach Stille. Sollte jeder mal wieder ausprobieren. Tut nur gut.
Am nächsten Tag bringt "Friederike", ein Sturmtief, vieles durcheinander. Ich sitze wieder am Fenster und sehe den tobenden Elementen zu. Da fliegen die Mülltonnen laut polternd durch die Gegend und krachend gegen geparkte Autos. Gut, dass der kleine Hund an der Leine ist. Mit seinen großen Ohren könnte der jederzeit abheben.
Die Bäume und Sträucher biegen sich unter dem Wind, bleiben aber stehen. Einzelne Böen drücken so vor die Fensterfront, dass die Scheiben sich zu bewegen scheinen. Die Tropfen prasseln dagegen und ich sitze hier drinnen - und genieße umso mehr mein gemütliches, warmes Zimmer.
Es ist aber doch erschreckend, wieviel Schaden dieser Sturm angerichtet hat. Ich sitze aber nicht nur so herum, ich arbeite viel an dem vierten Buch. Sortieren, schreiben, ergänzen, lesen, überlegen, schreiben und so weiter und so fort. Das macht so viel Spaß und ich kann am Abend zufrieden und schön müde einschlafen.

25.1.2018

Alltag

Ich bin gerade erst ins Bett gegangen, aber müde bin ich gar nicht. Na gut, atme ich jetzt erst einmal ganz bewusst – ein, aus, ein, aus ein.... Draußen ist es windig und zeitweise prasselt der Regen gegen die Fensterscheiben. Die Gardinen sind einen weiten Spalt aufgezogen. Ich kann ein Stück Himmel sehen und meinen neuen Fensterschmuck im Schein der Straßenlaternen. Das orangefarbene Licht lässt das große Glasei mit seinen spinnenwebartigen Glasfäden in seinem Inneren magisch wirken. Der Windzug durch die geöffneten Fenster lässt es hin und her schaukeln.
So vergeht eine Stunde, es geht auf halb zwei zu. Egal. Irgendwann werde ich noch einschlafen.

Tatsächlich wache ich am nächsten Morgen ausgeruht wieder auf. Heute ist Freitag, Krankengymnastik. Eigentlich wollte ich heute die Beine durchbewegen lassen, aber die müssen warten. Die Muskeln im Mund sind so stark angespannt, dass ich mir ständig in die Wangen und die Lippen beiße. So ist auch Essen und Zähneputzen sehr schwierig.

Der Therapeut geht das Ganze erst von außen an, um dann vom Mundinneren alles zu dehnen. Aua. Da kullern doch glatt ein paar Tränen bei mir. Aber ich weiß, dass es hilft.

Ich bin wieder aus dem Winterschlaf aufgewacht. Nur manchmal überfällt mich noch so eine bleierne Müdigkeit, aus der ich mich nur schwer herauskämpfen kann. Jetzt will ich schreiben, am liebsten von morgens bis abends. Leider geht das nicht, auch wenn die Gedanken nur so sprudeln. Morgens bin ich erst geschafft durch die Morgenpflege und das Essen. Da wandern die Augen nicht kontrollierbar über die Buchstaben. Wenn es dann endlich wieder klappt, ist so mancher Gedanke gedacht und auf und davon. Schade, aber ich ärgere mich nicht darüber. Schließlich kann ich überhaupt schreiben und so einen ganzen Teil meiner Gedankenwelt festhalten und auch anderen wenigstens ansatzweise vermitteln, wie es in mir aussieht.

Wenn die Augen noch nicht schreiben wollen, dann sehe ich den Pflanzen beim Wachsen zu. Wirklich. Da sind die Orchideen mit ihren zarten Blüten. Erst sind es die Knospen, die immer dicker werden, um dann aufzubrechen und eine wunderschöne zarte Blüte zu werden. Fast wie ein Schmetterling, der aus dem Kokon schlüpft.

Dann sind da aber auch noch die großen Blätter der Einblattpflanze. Erst sehen sie aus wie ein langer Stock der sich dann langsam auswickelt. Wirklich langsam, etwa zehn Tage, bis es sich ganz ausgebreitet hat. Wie war das noch mit der Entdeckung der Langsamkeit? Ich habe sie entdeckt.

2.2.2018

Aufgeregt

Tatsächlich bin ich ein wenig aufgeregt, denn endlich soll die neue Sitzschale für den Rollstuhl fertig sein. Am Montag wird mein Rollstuhl abgeholt und ich bekomme für die Woche einen Pflegerollstuhl. Da muss ich nun mal durch. In der Zeit bin ich noch mehr auf Hilfe angewiesen, denn meine Sitzposition verändern kann ich da keinen Zentimeter alleine. Ich kann auch nicht selber fahren und mit dem Tobi auf dem Tisch ist es nur ein Behelf. Hoffentlich ist dann, wie versprochen, am Freitag der Einbau fertig und ich kann wieder meinen neuen alten Rollstuhl beziehen, denn ich wohne ja tatsächlich im Rollstuhl. Wenn der dann auch noch wirklich bequemer ist und mithilft, meine Fehlhaltung auszugleichen. Hoffentlich verschwinden dann auch die schmerzenden Druckstellen am Oberkörper.

5.2.2018

Rollstuhltausch

Es wird eine neue Sitzschale für den Rollstuhl angefertigt. Dafür muss mein Rollstuhl einige Zeit in die Werkstatt. Heute ist es soweit. Ich werde in einen Pflegerollstuhl gesetzt - und da sitze ich nun und vermisse schon jetzt die kleinen Freiheiten, die mir mein Rollstuhl sonst bietet.
So langsam tut mir der Po nicht mehr so weh und der Kopf sitzt auch noch oben. Morgen soll der Physiotherapeut meinen Nacken bearbeiten, denn die Muskeln verspannen ziemlich. Aber es geht besser als ich dachte.
Endlich, endlich scheint die Abendsonne wieder in mein Fenster. Sie steht wieder hoch genug, dass ihre Strahlen mich direkt erreichen können. Ich schmelze. Schön!
Ich kann nur hoffen, dass der Rollstuhl wirklich bald richtig fertig ist. Das ist jetzt ein ziemlicher Behelf. Ich kann mich so gar nicht bewegen und bin schon ganz verspannt.
Fast ist der erste Tag überstanden. Die Abendpflege geht auch ganz gut, nur ist ein Hebel am Verstellmechanismus vom Rollstuhl abgebrochen. Gut, dass wir das passende Werkzeug in der Schublade haben. Kurzerhand wird durch die Pfleger von einem anderen Rollstuhl der Hebel abgebaut und an meinen angebaut. Trotz allem haben wir unseren Spaß dabei und müssen lachen.
Die Nacht tut vor allem dem Po gut. Der Transfer ist kein Problem und etwas mehr geschafft als sonst bin ich froh, dass ein Tag herum ist.
Die Nacht ist gut und ich wache ausgeruht wieder auf. Es geht wieder in den Rollstuhl. Bis ich dann die passende Sitzposition gefunden habe, dauert es etwas. Der Therapeut bringt die Muskeln im Nacken und an den Schultern wieder in die Reihe - und die Sitzposition total durcheinander. Wieder braucht es mehrere Versuche, bis die Pfleger die richtige Position wieder eingestellt bekommen. Grrrr. Nach der Abendpflege sitze ich gut und relativ bequem und freue mich, dass der zweite Tag fast um ist.
Die Nacht ist wieder gut, der Mittwochvormittag ist nicht so prickelnd, denn ich finde einfach nicht die richtige Sitzposition.
Der Nachmittag ist besser, Jürgen fährt mit mir raus. Es ist zwar ein ziemlich wackeliges Unterfangen, aber die Sonne scheint und die frische Luft tut wirklich sehr gut.
Wieder ein Tag fast geschafft. Den Abend bekomme ich auch noch rum.
So, nun sitze ich relativ bequem im Rollstuhl und dann werde ich mir einen Film aussuchen und ansehen. Und dann gute Nacht.
Donnerstag.
Draußen ist es richtig kalt geworden. Aber meine Decke ist muckelig warm, so dass ich auch bei offenem Fenster nicht friere.
Hoppla, heute ist ja schon der letzte Tag meines Exils im fremden Rollstuhl. Und der läuft überraschend gut. Diesmal lasse ich mich ein paar Mal anders hinsetzen, bis ich meine, optimal zu sitzen. Und das hält den ganzen Tag über. Außerdem scheint die Sonne. Was will ich mehr.
Nach den leckeren Nudeln sitze ich so vor mich hin und da fängt es in der Nase an zu kribbeln. Dann muss ich nießen, vier, fünf Mal. Dabei ist die Zunge im

Weg und gerät schmerzhaft zwischen die Zähne. Erfolg - aua und Blutflecken auf dem Pullover.

Freitag und der Rollstuhl kommt wirklich - allerdings in schweinchenrosa. In dem Fall bin ich aber froh, dass es nur der Rohling ist und ich mir noch die Bezugfarbe aussuchen kann.

Ich werde in den Stuhl gesetzt und das fühlt sich gut an. Etwas ungewohnt, aber gut. Als dann die seitlichen Körperstützen und die Armlehnen herunter geklappt werden, fühle ich mich zuerst etwas eingeklemmt. Aber das Gefühl weicht bald einem behaglichen Gefühl der Geborgenheit.

Ich soll den Rollstuhl selbst verstellen und ein Stück fahren. Das erweist sich als schwieriges Unterfangen, da meine Haare von dem Rohmaterial der Kopfstütze regelrecht festgehalten werden. Natürlich versteht mich niemand. Na gut, versuche ich es eben mit festgetackertem Kopf.

Es wird noch beratschlagt, gemessen und von mir ausprobiert. Dann entscheide ich mich noch für einen Bezug - schwarz mit einem hellgrünen, fast gelben Streifen in der Sitzmitte. Jürgen sieht mich mit gerunzelter Stirn an, aber ich bleibe dabei, ich finde das Klasse.

Jetzt heißt es, noch ein paar Tage die Zähne zusammenbeißen. Ein bisschen sieht das Ganze aus wie ein zu groß geratener Kindersitz.

Jetzt fiebere ich der nächsten Woche entgegen. Hoffentlich nicht erst zum Wochenende! Es war aber auch ziemlich illusorisch, dass es ohne eine weitere Anpassung sofort hundertprozentig passen würde.

Samstag.

Es hat geschneit, es ist trüb, es ist kalt, es ist Februar, es ist Winter und es ist ein doofer Tag. Auch weil Jürgen mir heute früh gesagt hat, dass mein Rollstuhl erst nächsten Freitag wiederkommt. Na ja, ich habe mir neulich auch extra einen Spruch notiert:

Wenn du etwas ändern willst, was du nicht ändern kannst, dann musst du deine Einstellung ändern

Also ärgere ich mich nicht, vielmehr freue ich mich einfach auf Freitag.

Gestern Abend beim Einschlafen war ich auf dem Schiff, das sich bei hohem Wellengang durch das Wasser kämpft. Ich fühle das Heben und Senken des Schiffes, es fällt regelrecht in das Wellental. Genau wie bei unserer letzten Postschiff - Tour. Ich fühle mich richtig gut dabei. Auch den Hafen laufe ich nicht an, weil die Wellen zu hoch sind. Bei der Schaukelei schlafe ich gut ein. Vielleicht fahre ich heute Abend wieder mit dem Postschiff. Dieses Mal aufs Panoramadeck? Mal sehen wonach mir ist.

Gerade sehe ich mir eine Kochsendung an. Da wird Sauerkraut geschmort und das sieht so extrem lecker aus..... Mir läuft das Wasser im Mund zusammen! Lecker.

12.2.2018

Warten

Endlich schon wieder Montag. Zwar gewöhne ich mich immer mehr an den Rollstuhl, aber ich vermisse den anderen. Wie wichtig die richtigen Hilfsmittel für das Wohlfühlen sind.
Wie wichtig es ist, sich selber Gedanken darüber zu machen, wie ich weiter leben will. Ob ich kämpfen will. Man muss sich auch selber informieren, was es überhaupt für Möglichkeiten gibt.
Wie dem auch sei, ich will und Jürgen hilft mir immer dabei.
Der Montag geht herum - oh mein Popo, der sehnt sich auch nach Zuhause, seinem Rollstuhl.
Dienstag.
Es bricht wieder der Hebel am Rollstuhl ab. Upps, die Pannenschau. Ich habe Therapie, bekomme Besuch. Sanimed kommt und repariert den defekten Hebel. Und die Sonne scheint. Darüber freue ich mich, auch wenn ich nicht draußen bin.
Mittwoch.
Die Sonne scheint von einem wolkenlosen, blauen Himmel und es ist richtig kalt. Wieder nix mit raus.
Wieder finde ich einfach nicht die richtige Sitzposition. Das ist einfach anstrengend und nervig.
Donnerstag
Und wieder hoffe ich, dass es der letzte Tag mit diesem Rollstuhl ist. Aber nicht nur ich, ebenfalls das Pflegepersonal. Der Aufwand für meine Versorgung ist jetzt höher als sonst.
Ich hänge irgendwie im Rollstuhl, die Kopfstütze ist mit einem Schaumstoffteil und einem Topfschwamm ein wenig geeigneter gemacht. Eine skurrile Konstruktion.
Freitagmittag und der Rollstuhl kommt. Sieht gut aus. Es dauert etwas, bis ich richtig drin sitze. Leider funktioniert der Umschalter der Kinnsteuerung nicht. Mein Tipp - Batterie tauschen. Aber es ist keine da. Jürgen geht eine kaufen.

Das ist aber nicht der Fehler. Jürgen nimmt den Schalter auseinander. Tatsächlich ist eine Lötstelle defekt. Was nun. Kurzerhand geht er damit zu dem Elektrohändler ganz in der Nähe. In dessen Werkstatt wird das Problem schnell aus der Welt geschafft. Bin ich froh.
Ich sitze gut, muss mich natürlich erst noch erst richtig eingewöhnen. Jetzt bin ich hundemüde.
Die Nacht ist sehr erholsam und die Morgenpflege geht Ken wieder gut von der Hand und bald sitze ich wieder im Rollstuhl. Mit dem Joystick habe ich Schwierigkeiten. Die Rückenlehne ist zu steil eingestellt. Mein Kopf ist so schwer und fällt immer nach vorne. Ich kann mich nicht verständlich machen.
Aber irgendwann ist auch das Problem behoben. Aber ich bin wieder total geschafft. Das Frühstück kann ich so nicht essen.
Am späten Nachmittag fühle ich mich schon ausgesprochen wohl in meinem Rollstuhl. Wir können jetzt ja tatsächlich mal Reise nach Jerusalem spielen. Wetten ich gewinne!

14.2.2018

Beispiel?

Schon früher haben mir etliche Menschen ihr Herz ausgeschüttet. Vielleicht hat es daran gelegen, dass ich selber immer sehr schweigsam und verschwiegen war - und verschwiegen bin ich noch immer. Aber schweigsam nicht mehr. Zwar fehlt mir die Möglichkeit zu sprechen, aber dafür darf ich schreiben.
Ich weiß inzwischen so viel von den verschiedenen Menschen und das bleibt auch für immer nur in meinem Kopf.
Wenn mir jetzt jemand etwas erzählt, dann lächele ich, nicke oder schüttele den Kopf.
Eine Mitbewohnerin sagt neulich zu mir, nachdem wir geklärt haben, dass ich gut geschlafen habe: "Wissen Sie, ich mag Sie sehr gerne. " und streicht mir über die Hand. Wir lächeln uns an und das wird ein guter Tag für uns beide.
Solche Begegnungen tun mir so gut und helfen über manchen trüben Tag. Da wird gewunken, gelacht, geredet und wieder andere schreiben und schütten mir ihr Herz aus.
Das Leben kann einem schon mal mehr Angst machen als der Tod. Aber vielleicht bin ich ja ein Beispiel dafür, dass es nicht so sein muss.

19.2.2018

Montag

Was für ein Tag.
Die Woche beginnt mit einem anstrengenden Tag. Wir üben alle noch, mit den Gegebenheiten des Rollstuhls umzugehen. Die Pumpe macht auch ständig Alarm und nervt. Tatjana macht dann endlich den Fehler ausfindig - ein winziges Loch im Schlauch. Schnipp schnapp wird das Stück weg- geschnitten und das Übergangsstück wieder aufgesetzt und schon funktioniert sie wieder. Auf dem Weg zum Speiseraum kommt uns Sabine Siemann, die Kinaesthetiktrainerin, entgegen. Ich freue mich, sie zu sehen. Wir verabreden uns in einer Stunde in meinem Zimmer. Eigentlich sollte sie heute eine Fortbildung hier im Haus abhalten, aber weil extrem viele Mitarbeiter krank sind, ist das ausgefallen. Da nimmt sie die Gelegenheit wahr und beantwortet Fragen vom Pflegepersonal zum Umgang unter anderem mit mir.
Es sind dann eigentlich Kleinigkeiten, die Sabine uns zeigt, aber die helfen ungemein; den Pflegenden, aber damit auch mir. Auch die Idee mit den Schaumstoffblöcken, die meine geringe Körpergröße ein wenig ausgleichen und beim Umsetzen helfen. Genial einfach. Danke Sabine. Wir haben unser Aha – Erlebnis. Was ein paar Zentimeter Vorbeugen des Oberkörpers mehr von mir hilft, um mich mit wenig Kraft im Rollstuhl aufzusetzen.

Alle sind weg und Jürgen kommt auf einen Besuch herein. Das Wetter ist mir zu schlecht um rauszugehen. So "erzähle" ich vom ereignisreichen Vormittag.

Kaum ist Jürgen wieder zur Tür heraus, kommt meine Freundin Dagmar zur Tür herein. Sie war früher meine Ergotherapeutin und besucht mich jetzt regelmäßig. Wir klönen, lachen und haben unseren Spaß. Dabei bringt sie meine verspannten Muskeln, knarrenden Sehnen und Gelenke, verschobenen Faszien wieder in Ordnung.

Heute ist das besonders wichtig, denn durch die neue Sitzschale wird mein Körper in die richtige Sitzposition gezwungen. Daran muss der sich erst mal gewöhnen und sich dehnen und strecken. Die neue Sitzhaltung ist noch nicht ganz von meinem Körper aufgenommen worden. Vor allem der rechte Arm schmerzt. Die aufrechte Sitzhaltung erleichtert mir die Atmung. Ich muss wirklich 100 % richtig sitzen, dann ist es sehr bequem. Aber wenn ich nicht richtig bis ganz hinten mit dem Po im Rollstuhl sitze, drückt es an den Oberarmen. Aber das wird sich noch geben oder wird noch entsprechend eingestellt.

Zwei Stunden bleibt Dagmar und ich fühle mich gut.

Die Nudeln schmecken und nach der Abendpflege mache ich erst einmal eine Pause. Ich bin jetzt doch sehr geschafft.

Nicht lange und mein Innenleben spielt verrückt. Ich habe Bauchkrämpfe und mir wird übel. Erst versuche ich, die Krämpfe wegzuatmen, ich lasse mir Novalgin Tropfen geben, aber richtig hilft das nicht. Mir bricht der kalte Schweiß aus.

Irgendwann merke ich, dass mein Mageninhalt sich einen Weg nach oben bahnen will. Ich stelle die Rückenlehne hoch und versuche mich etwas nach vorne zu beugen.

Zum Glück muss nur mein Nachthemd dran glauben. Es läuft mir am Kinn herunter und auf das Nachthemd. Das nimmt etwas den Druck, kostet aber meine letzten Kraftreserven für den Tag.

Ich fahre auf die Klingelmatte und die Nachtwachen machen mich sauber und bringen mich ins Bett. Ich bin fix und fertig. Zwar krampft mein Bauch immer noch, doch das ignoriere ich und schlafe schnell ein.

Dienstag

Ich wache wieder auf - und es ist sechs Uhr. Da habe ich doch wirklich von 22 bis 6 Uhr durchgeschlafen. Ich glaube, ich war doch sehr erschöpft. Gerne würde ich ja sagen, ich drehe mich noch einmal im Bett um, aber das kann ich schon ewig nicht mehr. Aber noch ein, zwei Stunden im wohlig warmen Bett still auf dem Rücken liegen, das ist auch schön.

Nach der Morgenpflege bin ich aber wieder so kaputt, dass an Essen gar nicht zu denken ist. Außerdem traue ich meinem Innenleben noch nicht so ganz. Übel ist mir ja oft bei der Sondennahrung, aber so wie gestern selten. Ich will meinen Magen schonen und lasse mir ein Gemisch aus Tee und Nahrung anhängen. Mein Bauch bleibt ruhig. Mittags lockt mich die Sonne in den Garten.

Tut das gut. Sonne im Gesicht, schon spürbar warm. Wie herrlich ist das denn! Ich schließe die Augen und bekomme ein breites Grinsen.

Mehr als zweieinhalb Stunden sitze ich hier und ruhe mich aus.
Abends teste ich eine andere Nudelsorte - Hörnchennudeln. Aber das geht gar nicht. Die Nudeln krallen sich regelrecht oben im Hals fest. Das war nichts, versuchen wir morgen mal Spaghetti.

21.2.2018

Verbesserung

Die Nacht ist gut, der Morgen ruhig und ich fühle mich ganz gut. Der Rollstuhl wird immer mehr zu einem Wohlfühlort. Am Nachmittag kommt der Spezialist für die Sitzschalenfertigung. Wir strahlen beide - ich, weil ich zufrieden bin und er, weil seine Arbeit so erfolgreich war.
Jetzt nimmt er nur ein paar Feineinstellungen vor. Das rechte Seitenteil wird etwas tiefer und weiter gestellt, das linke Seitenteil dafür etwas enger an den Körper. Jetzt drückt es nicht mehr unter dem rechten Arm.
Es mag ja von außen unbequem erscheinen, wie ich so in meinem Rollstuhl wie eingequetscht aussehe. Aber das Gegenteil ist der Fall. Ich kippe nicht immer mehr nach links weg. Ich sitze endlich aufrecht, der Brustkorb wird seitlich gestützt und gleichzeitig nach vorne gehalten. Ich kann besser atmen! Sogar mit dem Brustkorb selber und nicht nur mit dem Bauch. Das ist befreiend.
Das zeigt wieder, wie wichtig es ist, aufgeschlossen für Neues zu sein und sich auch darum zu kümmern.
Es spielt sich auch langsam mit dem Pflegepersonal ein und zeigt auch, dass es hier eine Erleichterung ist. Nur etwas Umstellung.

1.3.2018

Eisige Zeiten

Es ist sehr sonnig, aber eisig kalt. Bei minus elf Grad und eisigem Ostwind fühlt es sich noch viel kälter an. So verlockend auch die Sonne ins Zimmer scheint und lockt, ich bleibe doch lieber drinnen. Hier ist es schön warm und gemütlich.
Heute bekomme ich sehr lieben Besuch. Zwei Freundinnen, die ich schon ewig kenne. Früher hatten wir zeitweise nur wenig Kontakt. Erst nach meiner Erkrankung haben die zwei mehr Kontakt zu mir gesucht. Im Gegensatz zu vielen anderen Menschen, die sich eher rar gemacht haben. Aber ich bin nicht mehr sauer oder enttäuscht darüber, es liegt wohl in der Natur der Menschen in der heutigen Zeit.
Um kurz vor drei kommt Evelyn hereingehumpelt und begrüßt mich herzlich.
Sie ist gesundheitlich ziemlich gebeutelt und jetzt hat sie auch noch einen Skiunfall gehabt. Knie und Schulter lädiert.

Karin kommt ein paar Minuten später - auf Krücken. Sie hat eine neue Hüfte. Sie begrüßt uns lachend und meint, sie wäre ja früher gekommen, sie hätte aber so viele Bekannte getroffen.

Wir kennen aber auch viele Leute. Schließlich haben wir beide früher bei Foto Kiepker gearbeitet. Später war ich dann noch 14 Jahre bei Foto Köster, Karin noch viel länger. Und fast von allen, die sie jetzt getroffen hat, soll sie grüßen. Sie setzt sich und fängt an aufzuzählen.

"Mach dir doch das nächste Mal ein Schild um. Ich gehe zu Christel. Wer will sie grüßen? Hier unterschreiben." lacht Evelyn.

Wir haben viel zu lachen an diesem Nachmittag. Auch viel über uns. "Wir sind wirklich ein tolles Trio. Wir sind das Behinderten - Trio. Eine auf Krücken, eine im Rollstuhl, eine mit kaputten Knochen. Wir sollten auftreten, vielleicht singen oder tanzen. "Wir finden es lustig und wir dürfen das.

Ja, wir sind albern. Und das macht diese Nachmittage so entspannend.

Beide humpeln um mich herum, um den Umbau des Rollstuhls zu begutachten. "Hm, sieht schön unbequem aus. " meinen sie ehrlich. Das mag wirklich so aussehen, aber ich fühle mich inzwischen so richtig gut in meinem "Wohnzimmer". Richtig geführt und gehalten zum bequemen Sitzen und Atmen. Ich kann mir aber durchaus vorstellen, dass es beängstigend wirkt, den Körper kaum bewegen zu können, wenn man laufen kann. Aber endlich kann ich wieder aufrecht sitzen, was auch meiner inneren Einstellung entspricht. Nach eineinhalb Stunden gehen die zwei.

Ich bleibe mit einem breiten Grinsen zurück.

Abends gibt es dann noch Nudeln mit leckerer Bratensoße. Spaghetti und keine Bandnudeln mehr, denn die rutschen besser. Lecker.

Heute ist ein guter Tag.

4.3.2018

Übel

Die letzten Tage habe ich irgendwie so ein Tief. Körperlich und auch mental. Eingepackt und bei 25 Grad und Handwärmern friere ich immer noch und eine leichte Übelkeit trägt nicht gerade zur guten Laune bei.

Sonntag kommt Frau Dr. Apelt zu unserem üblichen Treffen. Ich lese, oder besser lasse vorlesen, ein paar Texte die ich in letzter Zeit geschrieben habe. Ansonsten habe ich nicht viel zu sagen.

Lustlos schalte ich nachmittags im Fernsehprogramm herum. Ich könnte heulen, mir ist schlecht und der Bauch fühlt sich aufgedunsen an. Nicht gut.

Der Abend kommt und mit ihr die Abendpflege. Ich bin nörgelig und versuche doch geduldig zu sein. Mir ist so schlecht.

Beim Zähneputzen passiert es dann doch. Der Mageninhalt bahnt sich seinen Weg nach oben. Na ja, ich sitze schon passend vor dem Waschbecken, dann lasse ich es zu.

Es ist furchtbar anstrengend und ich muss aufpassen dass nichts in die Luftwege gerät. Das geht minutenlag, kommt mir ewig vor. Die Pflegerin unterstützt mich so gut es geht.

Ich bin schweißgebadet aber ich sitze ja eh nackt auf dem Toilettenstuhl.

Ich werde danach abgewaschen und sitze schon bald wieder im Rollstuhl. Gut geht es mir aber nicht. Mir ist immer noch speiübel, kann schlecht atmen und ich schwitze wieder. Die Pflegerin ist besorgt und möchte Dr. Apelt oder Jürgen anrufen. Zunächst will ich das nicht, aber schließlich stimme ich zu, dass sie Jürgen anruft.

Schon kurze Zeit später kommt er zur Tür herein und ist jetzt auch gleich damit beschäftigt, mir bei einer Brechattacke zu helfen. Er ist sehr besorgt und überredet mich doch noch zuzustimmen, Frau Dr. Apelt anzurufen.

Auch sie braucht nicht lange und wir hören ihre Schritte auf dem Flur.

Sie untersucht mich und rät mir zu einem Medikament gegen die Übelkeit. Das könne sie auch spritzen. Ich bin inzwischen fix und fertig und wünsche mir nur Ruhe im Bauch und um mich herum.

Eine halbe Stunde soll es etwa dauern, bis das Medikament wirkt. Ich ziehe mich in mich zurück und versuche, innerlich ruhig zu werden. Frau Apelt und Jürgen unterhalten sich leise. Von wegen Spritze rein und weg. Sie nimmt sich Zeit für ihre Patienten und nimmt Anteil.

Langsam nimmt die Übelkeit ab. Es ist auch schon zehn Uhr und ich kann wieder atmen.

Ich möchte nur noch meine Ruhe haben. Jürgen hat mir heute durch seine Anwesenheit sehr geholfen. Aber auch ihn möchte ich jetzt nicht um mich haben.

Die Ruhe tut mir gut, aber ich möchte erst um zwölf Uhr ins Bett gehen.

Später liege ich im Bett und mir ist nicht mehr übel, aber mein Körper ist wohl noch in Alarmstellung. Die Muskeln zucken unkontrollierbar und ich schwitze. Dadurch rutscht die Atemmaske und es pfeift. Mir fehlt die Luft, die aus der Lücke strömt und dem Körper fehlt der Sauersoff. Jetzt kommt auch noch ein Kribbeln in Händen und Zehen dazu. Na danke.

Ich muss warten, bis die Nachtwachen wieder auf ihrem regelmäßigen Kontrollgang reinschauen und die Maske wieder richten. Ich darf mich nur nicht verrückt machen lassen. Zwar wird die Luft knapp, aber ersticken werde ich nicht. Aber ich muss mich konzentrieren und muss die vielleicht aufkommende Panik unterdrücken.

Immer wieder verrutscht die Maske in dieser Nacht.

Um fünf Uhr habe ich die Faxen dicke und möchte nur noch in meinen Rollstuhl. Mein Nachthemd ist klitschnass. Man könnte es auswringen. Die Nachtwachen waschen mich, ziehen mich an und setzen mich in den Rollstuhl - warm eingepackt.

Es ist kurz vor sechs und ich atme, atme und lebe. Jetzt kann ich schlafen und die Muskeln geben auch endlich Ruhe.

An diesem Vormittag schlafe ich fast nur und etwas Tee habe ich auch schon im Magen behalten. Aber heute kommt auch nichts anderes hinein. Ich traue mich nicht.

Jürgen kommt nachmittags und sieht ziemlich fertig aus. Er und Sophie haben auch schlecht geschlafen. Angeblich nicht meinetwegen. Aber ich glaube, das hat doch nachgewirkt, hat aufgezeigt, wie dünn das Seil ist, auf dem ich balanciere.

Mich hat es sehr nachdenklich gemacht. Auch ein bisschen ängstlich. Kurze Zeit ziehe ich sogar in Betracht, die nächste Nacht im Rollstuhl zu verbringen. Aber dann schalte ich den Verstand wieder ein. Ich bitte darum, die nächtlichen

Kontrollen zu verdoppeln. Das macht mir ein gutes Gefühl und ich bin entspannter. Na, dann gute Nacht.

Die Nacht ist wirklich gut. Anfänglich ist es noch ein mulmiges Gefühl, aber die Maske sitzt optimal und ich entspanne und schlafe auch schnell ein. Und durch bis um sechs Uhr.

Dienstag früh, die Sonne scheint, mein Bauch gibt Ruhe und ich will einen guten Tag daraus machen.

Meine Freundin Susanne kommt auf einen Sprung herein, dann habe ich Physiotherapie. Jürgen geht mit mir spazieren. Es scheint immer noch die Sonne und zum guten Schluss setze ich mich in den Garten - tanken.

Tut das gut.

Der Bauch gibt Ruhe, verträgt Tee und ein wenig Sondennahrung. Es geht mir gut. Ich habe die Angst besiegt.

Wie lange gelingt mir das noch?

Mittwoch

Der Tag fängt gut an, ich habe wieder gut geschlafen. Da hänge ich auch nicht wie ein nasser Sack bei der Morgenpflege herum, sondern kann ein bisschen mithelfen. Und wenn es auch nur eine erhöhte Körperspannung ist, was aber schon viel ausmacht.

Früh ist es draußen noch nicht so schön, Hochnebel verschleiert noch die Sonne. Noch, aber das ändert sich bald.

Jürgen holt mich ab und wir machen einen Spaziergang durch die Stadt. Die Eisdiele hat geöffnet und fast alle Plätze draußen sind besetzt. Wir suchen uns in der Nähe eine Bank in der Sonne. Von hier aus gehen wir einem spannenden Hobby nach - Menschen beobachten. Das ist spannend. Auch was jetzt ein wenig Sonne mit uns macht. Man sieht fast nur in strahlende Gesichter.

Es grüßen viele oder sprechen uns auch an. Da ist es auffallend, dass viele mit mir reden, als ob ich nicht ganz richtig im Kopf wäre, nur weil ich nicht sprechen kann. Aber ich denke, das ist reine Unsicherheit. Die Menschen wissen die Situation nicht anders zu meistern. Ich bin auch niemandem deswegen böse. Wenigstens trauen sie sich mich anzusprechen.

Wir gehen noch auf den Markt. Ich liebe das. Vor allem jetzt, wo mich die ganzen Frühlingsblumen mit ihren bunten Farben anlachen.

Eine große dottergelbe Primel wird gekauft. Ebenso eine Orchidee, die haben es mir einfach angetan. Aber jetzt die Tulpen erst. Am liebsten würde ich ja von allen Farben welche nehmen..... Ich habe keine Vase dafür. Außerdem wäre dann mein Zimmer zu klein. Aber ich freue mich so über die zusätzlichen Farbtupfer.

Am Nachmittag sitze ich natürlich --- wieder im Garten. Die Sonne auf der Haut, die Wärme, das Licht. Das Leben ist so schön.

Eine Schar Spatzen lässt sich laut tschilpend in einem Busch nieder. Meisen hüpfen durch das Geäst des Olivenbaumes auf der Suche nach Fressbarem.

Eine kleine Spinne findet wohl mein Ohr spannend. Sie erkundet die Ohrmuschel sehr ausgiebig. Wie das kitzelt. Jetzt fang bloß nicht an, ein Spinnennetz zu weben! So tot bin ich noch nicht!

Eine Amsel lässt sich ganz nahe bei mir auf dem Hochbeet nieder und hüpft noch näher, legt den Kopf schief und scheint mich zu beobachten.
Du könntest eigentlich mal die Spinne aus meinem Ohr holen; denke ich. Den Gefallen tut sie mir dann doch nicht.
Ich lasse die vergangenen Tage Revue passieren. Jetzt denke ich, man braucht ab und zu so einen Dämpfer, um zu erkennen, wie gut es einem doch eigentlich noch geht. Ich muss einfach noch mehr auf meinen Körper hören und nicht einfach auf stur schalten. Mein Innenleben ist sehr empfindlich. Mein Leben ist ein fragiles Geflecht aus medizinischen Notwendigkeiten, positiver Einstellung, Umfeld, Genussfähigkeit, Anspruch und, und.
Heute habe ich tatsächlich nur noch Muskelkater in den Beinen von dem nächtlichen Dauerlauf meiner Beine. Na wenn das alles ist was übrig bleibt, da will ich nicht meckern.
Übrigens hat die Spinne doch kein Netz gesponnen, der Pfleger hat jedenfalls keines gefunden.

9.3.2018

Es gibt auch anderes

Einen großen Schrecken habe ich in dieser Woche bekommen. Mein älterer Sohn hat einen Unfall gehabt. Ein anderes Auto ist ihm volle Kanne hinten rein gerauscht. Das Auto ist jetzt nur noch Schrott, aber ihm ist zum Glück außer einem Schleudertrauma nichts passiert. Unserem mitfahrenden Enkel ist dank vernünftiger Kindersicherung nichts passiert.
Aber mir sind Gedanken aufs Bett gekommen von einem Ereignis vor 30 Jahren. Da hatte eben dieser Sohn einen schweren Fahrradunfall. Ein Lkw hatte ihn damals auf dem Schulweg erwischt und überrollt.
Den Anruf von damals werde ich nie vergessen. Ich dachte damals, mein Herz bliebe stehen. Aber in ganz schwierigen Situationen werde ich nach außen ganz ruhig, rational und scheine kaltschnäuzig. Aber das ist nur eine Hülle. Mein Außen-Ich. Das funktioniert aber. Drinnen hatte ich eine panische Angst. Wem würde das aber nicht so ergehen.
Er hat den Unfall überlebt, hat Wochen im Krankenhaus gelegen. Das war dann für ihn die Initialzündung, zur freiwilligen Feuerwehr zu gehen.
Aber diese Angst, diese Hilflosigkeit, diese panischen Gedanken bleiben im Kopf. Und Kinder bleiben immer die Kinder, egal wie alt sie werden.
Das kommt bei so einer Gelegenheit wieder hoch und frisst Löcher ins Herz.

10.3.2018

Essen? Na klar.

Ja? Für mich nicht.
Frühstück mit leckeren Brötchen, Schinken, Wurst, Käse und Marmelade. Dazu eine Tasse Kaffee. Da läuft einem das Wasser im Mund zusammen.
Zwischendurch einen knackigen Apfel, mittags eine Pizza, nachmittags ein Eis, das Abendessen schmeckt, abends dann noch etwas zum Knabbern vor dem Fernsehen und vielleicht ein Glas Wein.
Da kommt so einiges zusammen und man denkt nicht einmal darüber nach, wie das in den Magen kommt. Ab in den Mund, kauen, schmecken, schlucken. Ganz einfach. Ganz einfach? Kann ich nicht. Kauen, geht nicht. Schmecken kann ich, nur kommt ja kaum noch etwas zum Schmecken in den Mund.
Manchmal hätte ich schon gerne etwas zu essen im Mundinneren, aber außer Fruchtmus und ein paar Nudeln geht ja nichts mehr. Schlucken kann ich nur wirklich ganz bewusst. Von alleine geht es nicht. Es ist alles so anstrengend und ich mache es nur, damit ich einen anderen Geschmack in den Mund bekomme.
Da isst jemand eine Currywurst und Pommes. Ich rieche das, mir läuft das Wasser im Mund zusammen, irgendwie schmecke ich es sogar. Oder ein leckeres Brathähnchen, hmmmm.
Aber stellt euch mal vor, ihr könntet nichts mehr essen oder trinken. Alles steht vor euch auf den Tisch, aber nichts davon gelangt in den Mund. Kein Geschmack von Kaffee, Saft, Wein.... Nichts.
Eine grauenvolle Vorstellung?
Wieviel Zeit verbringt jeder mit essen, trinken, naschen und so weiter?
Genießen gehört zum Leben?!
Ja, gehört dazu! Und ich gönne es jedem!
Nein, ich habe keinen Hunger. Durch die Sondenkost und die Magensonde.
Es mag sich wahrscheinlich absurd anhören, aber ich habe in gewissem Sinne gelernt, mit den Augen und der Nase zu "essen". Es kommt einzig und allein auf die eigene Einstellung an. Satt wird man dadurch natürlich nicht, aber auch ein bisschen glücklich. Man kann nicht einfach sagen: "Das könnte ich nicht. " oder "Das kann man sich vorstellen." Das geht nicht. Man kann es nur fühlen, wenn man in dieser Situation ist. Theorie und Praxis sind zwei unterschiedliche Paar Schuhe.

16.3.2018

Uniklinik Münster

Jetzt sitze ich wieder in der 14. Etage im Bettenturm und denke vor mich hin.
Schöne Musik läuft, Jürgen sitzt am Computer und spielt wohl irgendwas. Dieses
Mal bin ich ziemlich entspannt, wissen wir doch beide, wie es abläuft. Mich
macht die Anwesenheit von Jürgen jedenfalls viel ruhiger.
Der einzige Unsicherheitsfaktor ist die Untersuchung am Montag wegen der
Magensonde. Die liegt nun mal schon 4 Jahre zurück.
Jetzt ist aber erst mal das Schlaflabor dran.
Alle sind wieder sehr nett und hilfsbereit. Die Ärztin und Oberärztin waren auch
schon da, Blut wird abgenommen und Fragen gestellt und beantwortet. Alles wie
immer.
Man hat mir diesmal eine Weichlagerungsmatratze spendiert, die mit Luft und
Kompressor funktioniert. Ich bin mal gespannt, wie es sich darauf schlafen
lässt.
Der unterschiedliche Druck bei der Beatmung wird jetzt auch noch nach oben
hin angepasst. Also der permanente Mindestdruck, auch der Druck bei
Atemaussetzern und der Druck bei der Ausatmung bleibt gleich. Hoffentlich
kommt Jürgen bei der ganzen Geräuschkulisse auch ein wenig zur Ruhe.
Das Wetter ist so richtig igitt, kalt, trüb, Schneeregen. Da ist es gar nicht so
schlimm, dass die Fenster noch mit einer Schutzfolie überzogen sind. Die Klinik
wird saniert und Fensterelemente werden vorgesetzt. Was soll`s, bei dem
Wetter ist es nicht schlimm, dass der Blick etwas verschleiert ist. `
Mein Körper ist sich heute nicht ganz schlüssig wie er fühlt. Heute früh war mir
nur kalt, richtig kalt. Trotz Decke, dicker Jacke und Schal. Jetzt ist es so
komisch. Eigentlich ist es angenehm, aber zwischendurch habe ich kurzzeitig
das Gefühl, dass ich eiskalte Arme hätte oder es mir kalt über den Körper läuft.
Komisch.
Etwas Wichtiges habe ich aber gelernt. Wenn ich wirklich mal in Luftnot gerate,
dann ist eine Atemunterstützung mit Zugabe von Sauerstoff nicht angeraten.
Der Körper registriert den Sauerstoff und schließt daraus, dass die Atmung
mehr als ausreicht. Ergo, statt die Atmung anzukurbeln wird sie noch mehr
gedrosselt. Das ist mehr als ungesund.
Der Rest des Abends ist ereignislos und wir sitzen so herum.
Halb elf und ich möchte ins Bett hüpfen.
Eine ganz neue Erfahrung diese Weichlagerungsmatratze, die mit Luftkammern
arbeitet. Sie passt sich vollkommen dem Körper an, aber immer wieder
wechselt der Druck in verschiedenen Kammern. So entsteht kein Dauerdruck
am Körper und gleichzeitig fühlt es sich wie eine leichte Massage an und lockert
die Muskeln.
Bis zum Morgen schlafe ich gut, nur zum Ende hin rutscht die Maske in meinem
Gesicht herum und gibt ein Pfeifkonzert. Damit scheuche ich Jürgen immer
wieder aus dem Bett. Er hat überhaupt keinen Schlaf bekommen wegen der
Geräuschkulisse aus lauter Klimaanlage, meines Atemgerätes, des lauten
Kompressors für die Matratze und als Krönung die pfeifende Maske.
Jürgen sieht wirklich zerknittert und müde aus. Wie ich aussehe weiß ich nicht,
jedenfalls fühle ich mich ausgeruht. Ich habe ein schlechtes Gewissen Jürgen

gegenüber. Darf ich ihn dermaßen belasten? Aber ich wüsste nicht, wen ich fragen könnte, der auch noch kompetent ist. Das nagt etwas an mir.

Die gute Nachricht ist - meine Werte haben sich gegenüber dem letzten Aufenthalt verbessert. Durch eine andere Liegeposition, den Kopf relativ hoch lagern, soll eine weitere Verbesserung erreicht werden. Versuchen wir unser Glück.

Ich vermute aber ganz stark, dass meine verbesserte Atmung tagsüber auch dazu beiträgt. Die neue Sitzhaltung durch die Sitzschale lässt mich deutlich leichter atmen und das spart Energie.

Sehen wir mal, was die nächste Nacht bringt.

Der Tag verläuft ereignislos. Hier im Krankenhaus bin ich permanent müde. Ist auch nicht gerade spannend hier und da schläft man halt schon mal zwischendurch das ein oder andere Stündchen.

Ich werde ins Bett gepackt, angeschlossen, Kopfteil ziemlich hoch, die Maske wird richtig aufgesetzt und die Schlaftablette durch die Sonde gegeben und schon bin ich weg.

Ich schlafe gut, die Maske sitzt, nur der linke Daumen wird ein wenig lädiert, weil die Kante des einen Gurtes permanent auf das Gelenk drückt. Aua. Aber wie soll ich das verständlich rüberbringen? Ich gehe schon nicht kaputt davon, also ignoriere ich das und schlafe weiter.

Der Tag hat mich wieder. Ich fühle mich ausgeruht und auch Jürgen scheint etwas geschlafen zu haben.

Das Aufstehen zieht sich etwas hin und so ist Drang zur Toilette schon wieder verflogen, als ich auf dem Toilettenstuhl sitze. Dann eben nicht.

Irgendwie geht die Zeit so langsam um. Also schlafe ich noch eine Runde.

Gegen 13 Uhr sind die Daten der vergangenen Nacht ausgewertet. Ein super Ergebnis! Durch die aufrechtere Schlafposition ist die Sauerstoffsättigung fast durchweg gut. Wenn das kein Erfolg ist. Jetzt noch eine Nacht, um das Ergebnis zu bestätigen. Puhhh.

19.3.2018

Warten, warten, warten. Hier in der Klinik ist warten viel länger, als wenn ich im Garten sitze. Da vergeht die Zeit viel schneller als zum Beispiel vor der Endoskopie. Zwar sind hier jede Menge Menschen, aber so richtig toll ist das nicht. Jürgen muss ja auch wieder mit warten.

Die Nacht lief für mich wieder gut. Ich habe nicht gemerkt, dass oft jemand herein kam, um an mir etwas zu untersuchen. Aber Jürgen hat dadurch wieder nicht geschlafen.

Die Morgenpflege ist auch wieder sehr anstrengend. Leider werde ich ja auch wieder nicht verstanden und was sonst so täglich selbstverständlich ist, gestaltet sich als Ratespiel.

Ich habe das Gefühl, die Gedanken stehen mit Leuchtschrift auf meiner Stirn, aber keiner liest es. Das ist frustrierend. Zum Glück habe ich sonst den Tobi, den Computer. Das finde ich ganz schlimm, wenn man gar nicht mehr gehört wird.

Wir sitzen also vor der Endoskopie und werden dann auch irgendwann aufgerufen. Ich meine, die Schwester ist die gleiche, die mir vor 4 Jahren den Zugang zur Magensonde gelegt hat. Eine ganz Nette.
Drei Schwestern und ein Arzt sehen sich die Einstichstelle und den Schlauch an. Sie sehen aber keinen Handlungsbedarf. Natürlich könne man vorsorglich eine neue Sonde legen, aber es sei eben ein Eingriff unter Narkose. Immer ein Risiko, vor allem bei ALS. Wie lange der Schlauch noch hält, könne niemand sagen.
Ich entscheide mich dagegen. Meine Überlegung - wenn jetzt etwas schief gehen würde, dann wäre das zu einer Zeit, wo ich noch gerne lebe. Ja, das ist wirklich so. Warum soll ich ein vermeidbares Risiko eingehen? Das könnte ich immer noch, wenn es wirklich nötig ist - oder ich lasse es dann bleiben. Wäre dann eine denkbare Alternative. Für mich denkbar.
Aber jetzt sage, oder vielmehr schreibe ich, dass ich derzeit keine neue Magensonde möchte.
Wieder auf der Station, haben wir noch das Abschlussgespräch mit der Ärztin. Meine Werte sind besser als beim letzten Aufenthalt und die nächste Kontrolle soll in 6 Monaten erfolgen. Nun geht es endlich wieder zurück nach Hause.
Es ist zwar richtig kalt, aber die Sonne scheint in mein Zimmer. Wie schön ist das denn bitte? Ich möchte jetzt nur noch Ruhe. Wie ist die Steigerung von kaputt? Kaputter, Christel, Jürgen! Gute Nacht.
Die ist dann auch nicht so ganz toll, aber ich muss mich ja auch erst an die neuen Gegebenheiten gewöhnen - der höhere Druck und fast im Sitzen schlafen. Das geht nicht ganz so schnell.
Wenigstens ist schönes Wetter. Die Sonne lacht mich von einem blauen Himmel an. Und wo sitze ich dann in der Mittagszeit? Natürlich, im Garten. Die Sonne ist richtig warm und ich sitze in meinem windgeschützten Eckchen und genieße das Gefühl von etwas Freiheit.

"Ja, so geht das aber nicht. Wir müssen arbeiten und wo sitzt die Sonnenanbeterin? Natürlich im Garten. " tönt es plötzlich von der Tür her. Ellen, eine Pflegerin der Diakonie, die mich früher gepflegt hat, kommt freudestrahlend auf mich zu. "Wir haben Sie hier gesehen und wollten doch mal wieder hallo sagen. Sabine kommt auch gleich. "sagt Ellen.
Tatsächlich sitzen bald drei ehemalige Pflegerinnen um mich herum. Es wird eine kurzweilige halbe Stunde mit viel Lachen, Blödsinn und gegenseitigem Veralbern. "Sie müssen damit rechnen, dass wir wiederkommen! " drohen sie mir scherzhaft an! Immer wieder gerne.

1.4.2018

Ostern

Oh je, Ostern im Schnee ist Wirklichkeit geworden. Marat, ein sehr netter Pfleger, holt mich gegen sieben Uhr aus dem Bett. Es ist kalt und grau und, tatsächlich, es schneit. Eine dünne, weiße Decke überzieht alles. Gut das die Ostereier bunt sind. Man würde sie im Schnee nicht mehr finden.
Schon vor neun sitze ich in meinem Zimmer, fertig mit allem incl. Frühstück und sehe zu, wie der Schnee langsam verschwindet.
Die Ostereier suche ich nicht wieder kopfüber im Rosenbeet. Darüber müssen inzwischen alle lachen.
Zwei Wochen später. Da hat wohl irgendjemand auf einen Knopf gedrückt und hat den Sommer eingeschaltet. Temperaturen nahe 30 Grad bringen die meisten zum Schwitzen und mich zum Strahlen. Stundenlang sitze ich im Garten und genieße alles - Sonne, Wärme, Wind und die erwachende Natur um mich herum. Die explodiert jetzt regelrecht. So sind die Rosen innerhalb von zwei Tagen grün geworden, die Obstbäume blühen und die Magnolien stehen in voller Pracht. Herz was willst du mehr. Wie sehr habe ich die Wärme und das Licht vermisst!
Jawohl, ich gehe es an - auch dieses Jahr werde ich die Herausforderungen annehmen und leben. Auch wenn es manchmal einfacher erscheint aufzugeben und sich nur noch treiben zu lassen. Leben ist schwere Arbeit! Es lohnt sich aber!

1.5.2018

Komm lieber Mai.....

Regen und kalt, so fängt dieser Mai an. Was soll's, ist mir heute irgendwie egal. Aber es bleibt nicht so. Es wird von Tag zu Tag besser, wärmer und die Natur berauscht durch ihre Fülle. Die Kastanien blühen übervoll und das frische Grün der Buchen leuchtet in der Sonne.
Und es wird wieder heiß. Schön. Und wo sitze ich da wieder? Natürlich im Garten!
Azurblauer Himmel, keine Wolke, kein Wind, plätscherndes Wasser und die Spatzen schimpfen in den Sträuchern. "Meine" Amsel ist auch wieder da. Sie hat ihr Nest im dichten Bambusgewirr und sie sucht nach Raupen und Würmern ganz in meiner Nähe. Dabei schaut sie mich mit ihren gelb umrahmten schwarzen Knopfaugen an.
Ich komme mir vor wie im Urlaub. Selbst der Tee wird mir auf Wunsch in den Garten gebracht.
Am Sonntag habe ich ein volles Programm. Erst kommt Frau Dr. Apelt zur "Sprechstunde". Es sind heute vorwiegend leichte Themen, nur eine Sache ist etwas anders. Ich habe schon mal aufgeschrieben, wie ich mir die Beerdigung

vorstelle. Mir ist es wichtig, dass es später darüber keinen Streit entsteht. Ich stoße damit auf offene Ohren und Verständnis.
Mit guter Laune geht es dann nach draußen zum Holländer Markt und den Veranstaltungen des Kreis-Feuerwehr-Tages.
Blumen, Lakritz, Gebäck, Wurst, Käse, Fisch, Kleidung und und und.
Nachmittags öffnen zudem die Geschäfte, dann wird es sicher noch viel voller als jetzt, wo wir unterwegs sind.
Richtig interessant finde ich die vielen Feuerwehrwagen. Bestimmt 40 sind es aus dem ganzen Kreis und auch die Flughafenfeuerwehr ist vertreten.
Unseren ältesten Enkel treffen wir als Helfer beim Kistenstapeln für Kinder.

Er ist bei der Jugendfeuerwehr. Wie heißt es - Der Apfel fällt nicht weit vom Stamm. Sein Vater ist selbst seit 26 Jahren dabei. Finde ich toll.

Nach fast drei Stunden ist es langsam genug und Jürgen bringt mich wieder nach Hause.

Mein Zimmer geht nach Westen, also zur Straße hin, mit direktem Blick auf die ganzen Feuerwehrwagen und Vorführungen. Also stelle ich mich ans Fenster, fahre den Rollstuhl hoch und jetzt kann ich den Vorführungen in erster Reihe zusehen. Spannend.

Da ist die Höhenrettung, die seilen sich vom Schornstein an der Gempthalle ab. Dann wird eine Rettung aus einem demolierten Auto demonstriert.

Gegenüber ist ein leerstehendes Haus, das als Kulisse für die Rettung von Menschen bei einem Brand dient. Bald schon quillt Rauch aus den Fenstern und die Feuerwehr kommt mit Tatütata angefahren. Mit Steckleiter und Drehleiter werden mehrere Menschen gerettet.

Zum Schluss wird noch ein Gasbrand gelöscht. Und ich sitze in der ersten Reihe und kann alles genau beobachten.

Ein spannender Sonntag.

7.5. 2018

Landesgartenschau

Montag, es ist schönes Wetter und ich will mich gerade auf den Weg in den Garten machen. Da kommt Sophie und fragt, ob ich mit nach Bad Iburg zur Landesgartenschau kommen mag. Und ob ich will.
Es sind nur ein paar Kilometer, aber immer am Teuto entlang und auch durch ihn. Es sieht herrlich aus, wie die Sonne durch das hellgrüne Blätterdach scheint.
Gleich am Haupteingang finden wir auf einem Parkplatz, der speziell nur für Behinderte eingerichtet wurde, einen freien Platz. Sehr schön. Ich bin wirklich gespannt, was uns hier erwartet.
Heute ist Montag, der Andrang hält sich somit in Grenzen und so bekommen wir schnell die Eintrittskarten. 18 € pro Person ist nicht gerade billig. Mal sehen, ob es sich lohnt. Jürgen darf aber auch als meine Begleitperson kostenlos herein.
Am Anfang stehen Pavillions mit allerlei Dekosachen, Blumenzwiebeln, Hüte und Taschen. Das ist erst einmal nicht so interessant.
Wir gehen in Richtung der Teiche. Überall sind Blumeninseln, bunt oder einfarbig, üppig und duftend. Jedenfalls ist es eindrucksvoll. Die Wege sind ausgebaut worden und nun kann man auch mit dem Rollstuhl durch den Wald fahren. Das Maigrün der Buchen leuchtet in der Sonne. Über uns windet sich der Baumwipfelpfad in etwa zehn Metern Höhe durch die Bäume. Ob ich da wohl auch raufkomme?
Aber erst geht es vorbei an verschiedenen Themengärten zum Ausgangspunkt des Baumwipfelpfades. Tatsächlich gibt es einen Aufzug, auch für Elektrorollstühle geeignet. Ja!!!
Wie ein riesiger Baum steht der Turm, von dem der Pfad ausgeht, vor uns. Die Treppe windet sich drumherum und der Aufzug ist in der Mitte vom "Baum".
Halt in der ersten Etage, Beginn des Baumwipfelpfades. Und es ist einfach phantastisch. So hoch oben durch den Wald zu spazieren, gerade für mich im Rollstuhl ist das toll zu erleben.
Der Steg ist breit, sehr stabil und auch mit dem Rollstuhl befahrbar. Es geht um Kurven und Ecken und immer geht es doch noch weiter. Zwischendurch gibt es Schau- und Hinweistafeln mit interessanten Tatsachen.
Am Ende drehen wir um, denn hier gibt es nur eine Treppe für Fußgänger. Wir drehen um und flanieren den Weg zurück.
Der Aufzug bringt uns noch nach oben auf den Turm. Von hier aus hat man einen prima Überblick über die gesamte Gartenschau, auf die Burg und den umliegenden Wald. Allein für dieses Erlebnis hat es sich schon gelohnt, hierher zu kommen.
Aber das ist noch nicht alles. Über eine Fußgängerbrücke geht es zum anderen Teil der Ausstellung mit weiteren Anlagen, einem Schmetterlingshaus, Spielplätzen und Wasserspielen.
Dieser Tag ist ein Erlebnis und hat sich wirklich gelohnt. Sonne satt, viele Blumen, tolle Aussichten und viele nette Menschen.

Erkenntnisse zum Schmunzeln

Die Klingelmatte funktioniert nicht, wenn da nur die Abdeckung liegt.
Zähneputzen: nicht so übervorsichtig daran gehen. Ich habe auch hinten im Mund Zähne.
Ich kann nicht denken und gleichzeitig sprechen. Oh ha, was für ein Ausspruch!
Da wundert mich so einiges nicht mehr.
Auch mein Computer läuft nur mit Strom. Nimmt man beide Akkus raus, ist nix mehr mit Strom. Also erst einen Akku raus und durch einen vollen ersetzen, dann den anderen. Computer ist nicht abgestürzt und man kann gleich weitermachen
"Juckt das? Da sind alles so Stippchen auf deinem Rücken. ""Nein, die sind nur auf Stipp-Visite!"

Auch solche Tage gibt es

Man stelle sich einfach vor, du hast einen bescheidenen Tag. Weißt noch nicht mal warum, denn eigentlich geht's dir gut, du bist nur einfach niedergeschlagen. Dann stehst du vor einem Regal und willst dir etwas ansehen. Aber du kannst dich keinen Zentimeter darauf zubewegen und alle Versuche, dahin zu gelangen, scheitern kläglich. Dir kommen Tränen. Und je mehr du versuchst, sie zu unterdrücken umso grösser wird das Gefühl der Niedergeschlagenheit. Ja solche Tage gibt's.

Wetter - ein unerschöpfliches Thema

19.6.2018

Nachmittags halb vier in Deutschland. Der Himmel ist grau und es ist kalt. Jetzt ist es Zeit, Zeit für ein Stückchen.... Wärme. Und es kriecht jetzt tatsächlich ganz langsam etwas Wärme in die Hände und Füße, wandert die Arme und Beine hinauf und taut diese Eisklumpen wieder langsam auf. Was für eine Wonne nach so vielen Stunden!
Ich schließe die Augen und nehme diesen Augenblick ganz bewusst wahr - endlich strömt warmes Blut in die Fingerspitzen, Zehenspitzen, wandert hinauf in die Arme und Beine, durch den ganzen Körper. Da könnte ich schnurren wie eine Katze.
Jetzt geht es auf und ab mit den Temperaturen in den nächsten Tagen. Am Mittwoch herrscht schwüles Wetter und ein Sonne-/Wolkenmix und an die 30 Grad. Herrlich.
Donnerstag, der 21.6.2018, und es ist wieder kalt. Och nee.
Heute vor neun Jahren waren wir in Norwegen. Es ist Midsomer, der längste Tag im Jahr.

Heute sitze ich eingewickelt in eine Decke im Rollstuhl und sehe dem Sonnenuntergang zu. Es ist nach zehn und noch immer hell. Aber gleich ist es dunkel, zwar nicht so viele Stunden, aber dunkel.

Das war 2009 anders. Um Mitternacht stehen wir auf dem Balkon unseres Hotels direkt am Fjord. Ein altes Hotel, ganz in weiß und aus Holz, verschnörkelte, vorstehende Balkone. Ich kann den Rauch der Feuer am Seeufer riechen und verspüre langsam wieder unbändige Freude, diese unbeschreibliche Naturkulisse erleben zu dürfen. Tage mit 24 Stunden Helligkeit und dem besonderen Licht. Wir sitzen auf dem leicht schaukelnden Bootssteg und halten die Füße in das ziemlich kalte Wasser.

Heute und hier ist es nicht so schön, weckt aber trotzdem Erinnerungen.

Am Nachmittag spinnt der Sensorschalter am Rollstuhl. Natürlich wieder zum Wochenende! Ein Wackelkontakt. Jürgen baut ihn ab und geht damit zu einem Elektrohandel mit Werkstatt. Diagnose - Kabelbruch. Es wird repariert und wieder eingebaut. Es funktioniert - für eine Minute. So das war`s. Da ist wohl noch mehr "Bruch" drin. Nun ist es aber nicht so, dass man bei dem Sanitätshaus anrufen kann und das Teil wird bestellt. Es muss erst ein Mitarbeiter begutachten, dann wird es bei der Krankenkasse eingereicht zwecks Genehmigung. Das dauert. Ist die dann hoffentlich da, wird das Teil bestellt. Auch das kann dauern. Vielleicht ist es nicht so schnell verfügbar. Wartet man also.

Jürgen telefoniert mit dem Sanitätshaus und der Krankenkasse, wird weiterverbunden und erzählt immer wieder das gleiche.

Erst ist das alles ja so schwierig, aber er bleibt hartnäckig; und hat schließlich Erfolg. Schon am nächsten Morgen kommt ein Techniker, um den Schaden zu begutachten. Dieser kann dann telefonisch die Vorabgenehmigung einholen und den Schalter gleich bestellen.

Das ist dann tatsächlich auch so passiert und jetzt hoffe ich einfach, dass er kurzfristig geliefert wird. Jetzt benötige ich immer Hilfe wenn ich etwas am Rollstuhl verstellen möchte. Jemand muss dafür den Hauptschalter aus und wieder anmachen. Wenigstens ist es kein Totalausfall.

Da sitze ich wieder am Fenster und sehe zu dem wolkenverhangenen Himmel hinauf. Man könnte meinen, es ist schon Herbst. Brrr, 13 Grad und das um zwölf Uhr. Aber es soll wieder besser werden. Ab morgen jeden Tag etwas wärmer und auch die Sonne soll sich dann wieder blicken lassen.

Was ich sehr positiv sehe, meine Versorgung klappt gut. Trotz des Personalengpasses. Das liegt aber vorwiegend am persönlichen Engagement einzelner Mitarbeiter, die extra die anstrengenden Teildienste absolvieren oder in ihrer Freizeit oder an einem freien Tag kommen, um mich zu versorgen. Aber auch die anderen helfen mir wo sie können. Trotzdem warte ich sehnsüchtig auf den neuen Schalter. Ich finde es nämlich nicht sehr toll, ständig die Hilfe anderer in Anspruch nehmen zu müssen. Wenigstens da wo sie nicht nötig wäre. Liebe ich doch dieses winzige Stück Eigenständigkeit, also Freiheit.

Anfang Juli und endlich ist es richtig warm, heiß. Ich bin jetzt sehr viel im Garten. Ich liebe es, hier zu sitzen und die Vögel zu beobachten. Inzwischen bin ich wohl ein Teil der Bepflanzung oder so, denn sie kommen ohne Scheu zu mir. Sogar die jungen Meisen, die jetzt außerhalb des Nests gefüttert werden, sitzen ganz nahe bei mir.

In der Mittagszeit kommen immer alle Vögel an den Bachlauf, um zu baden und zu trinken - Amseln und die vielen Spatzen, Singdrossel, Taube, Kohlmeise, Buchfink, Grünfink, Bachstelze, Distelfink.
Außerdem finden sich auch viele Schmetterlinge ein, angelockt durch den Sommerflieder und dessen süßen Duft. Ich habe sogar einen wunderschönen Schwalbenschwanz gesehen. Einfach toll diese fliegenden Gemälde. So schillernd und zerbrechlich.
Ich verstehe gar nicht, dass die Mitbewohner diesen schönen Garten so wenig nutzen. Aber so habe ich wenigstens meine Ruhe. Auch was. Vor mehr als zwei Wochen ist ein Sensorschalter am Rollstuhl kaputt gegangen und weil das Ersatzteil aus Schweden kommt und offensichtlich zu Fuß direkt geliefert wird - warte ich noch immer.

2010 2017/2018

Traum

Manchmal wünsche ich mir, endlich aufzuwachen aus diesem bösen Traum - nur um dann wieder und wieder feststellen zu müssen - das ist kein Traum, das ist Realität und zwar seit fast acht Jahren.
Da sitze ich für den Transport zum Duschstuhl parat im Rollstuhl. Die Beine baumeln in der Luft, der Oberkörper fest, ich bin leicht im Stuhl nach vorne gerutscht und - warte. Die Füße sind nur ein paar Zentimeter vom Boden entfernt. Gefühlt brauchte ich nur etwas nach vorne zu rutschen und losgehen. Mein Kopf sagt mir - du kannst jetzt losgehen, du weißt wie das geht. Aber ich weiß, dass die Befehle nicht ankommen werden. Und so reizvoll es auch wäre, ich halte mich zurück und bleibe sitzen. Ich baumele ein wenig mehr mit den Beinen und freue mich, dass das noch so geht. Fühlt sich fast wie laufen an.
Manchmal liege ich im Bett und bin kurz vorm Wegnicken. Da höre ich auf dem Flur etwas. Gedanklich bin ich jetzt wieder in unserem Schlafzimmer. Ich denke, Jürgen ist das auf dem Flur und kommt gleich ins Zimmer. Und dann schlafe ich ein. Aber nicht wehmütig. Ich fühle mich hier wohl.
Meine Gedanken sind in der Gegenwart und oft in der Vergangenheit, denn eine Zukunft habe ich nicht mehr. Aber ich empfinde dabei eher Dankbarkeit für die schönen gelebten Jahre, als Frust über zwanzig oder wie viele ungelebte Jahre, von denen ich nicht weiß, ob es mir da gut gegangen wäre. Jetzt kann ich vieles nur noch in meinem Kopf tun, aber das zeitlich so viel es mir gefällt.
Ja, vor 9 Jahren konnte ich noch laufen, habe versucht mich zu trainieren. Gehen, immer gehen, alles zu Fuß oder mit dem Fahrrad erledigen, immer an der Luft sein. Bei Wind und Regen und Sonne. Was für ein Luxus, den man erst zu schätzen weiß, wenn man das nicht mehr hat. Da hilft mir meine Träumerei und dass ich da sogar Gerüche und Stimmungen herzaubern kann.
Wie riecht der Schwarzwald? Nach Holz, harzigem Holz, nach Tannennadeln auf feuchtem, schattigen Waldboden, nach Rauch aus alten Kaminen.

Dänemark riecht so ganz anders. Salzige, feuchte Luft, Sand, der überall hin kriecht, auch zwischen die Zähne, wirkt wie ein Verstärker für die Sinne. Die Dünen riechen nach warmem Sand, Strandhafer und Sonne. Am Strand, an dem man wunderbar stundenlang spazieren gehen kann, riecht es nach dem Salzwasser, das sich gurgelnd mit den Wellen über Steine und Sand ergießt, sich gurgelnd zurückzieht, um mit der nächsten Welle die Füße und Unterschenkel richtig nass zu machen. Das gibt bald warme Füße.

Italien - riecht nach warmer Erde und leicht süßlich nach reifen Feigen, etwas nach richtig reifen Zitronen. Wärme, Sonne, Wein und der Geruch von Mamas gutem Essen im ganzen Haus.

Norwegen ist eine Sache für sich. Für mich ein absolutes Traumland mit einer überwältigenden Naturkulisse. Es riecht nach Frische, Gischt vom Wasserfall, Schnee, Fisch, Qualm der Midsomer Feuer, Blumenwiese, Nacht, die nach Tag riecht und, und … und.

Malediven, die schmecken und riechen nach warmem Salzwasser und warmem Sand, exotische Düfte von Gewürzen, Früchten und Fisch. Ich höre das Tuckern des Donis, das Blubbern beim Tauchen...

Eindrücke, Gerüche, Stimmungen und Fotos, das alles ist in meinem Kopf, jederzeit abrufbar. Ich kann reisen wohin ich will und wann ich will, immer. Aber auch das Gefühl von einem Menschen im Arm gehalten zu werden oder ein Kind, ein Baby im Arm zu halten, zu fühlen und zu riechen, ist abzurufen. Auch wenn ich dann auch mal weinen muss, weil der Verlust weh tut. Das positive Gefühl ist überwiegend.
Wann meine Zeit genau abgelaufen ist - ich warte es einfach ab. Ich werde nichts dafür, aber auch nichts dagegen tun. Nur eines ist sicher - nichts geht verloren, es ändert nur seine Form. Meine Atome tragen vielleicht dazu bei, einen Schmetterling zu formen; oder eine Blume. Wenn ihr so etwas seht, vielleicht denkt ihr dann ab und zu an mich.

E N D E - oder vielleicht doch noch nicht?

Hallo? Haaalloo!

Zwischen diesem Bild und heute liegen etwa 60 Jahre. Vielleicht habe ich das Telefon damals zum Geburtstag bekommen. Wer kennt denn noch so eine Wählscheibe?
Ja, die Zeit rennt. Vor einem Jahr habe ich in meinen Kalender geschrieben - 23.7.2018 Geburtstag 64. Ob ich das noch schaffe?

Es gab tatsächlich im letzten Jahr Zeiten, da ging es mir nicht so gut. Aber ich habe mich wieder berappelt, habe an mir gearbeitet.
Wer hätte überhaupt gedacht, dass ich so lange durchhalte? Jetzt sind es immerhin schon fast 8 Jahre seit der Diagnose. Und hoppla, ich lebe immer noch! Gerne!

Die momentane Hitze bekommt mir gut. Gleich nachdem ich im Rollstuhl sitze düse ich in den Garten und sitze dann unter den Bäumen im Schatten und lebe. Da sehe ich mich als Kind in meinem gelben Badeanzug auf dem Weg ins Freibad. Barfuß und mit einem Handtuch unter dem Arm. Im Sommer habe ich praktisch meine ganze Freizeit dort verbracht.

Aber ich schweife ab. Ich wollte mich bedanken.
So viele Menschen haben an mich gedacht, mir geschrieben, mich besucht. Immer wieder motiviert mich die Anteilnahme, an mir zu arbeiten, meine Gedanken in Worte zu fassen, offen zu sein für Neues und neue Menschen. Eine Unterhaltung mit mir ist anstrengend. Für mich, weil ich höre und gleichzeitig mit den Augen schreibe. Mein Gegenüber muss sich in Geduld fassen und auf meine Antwort warten. Das fällt vielen schwer, denn heute geht ja alles schnell, schnell, schnell.
Bei mir nicht.
Bei mir dauert alles eine lange Weile. Doch Langeweile kenne ich nicht.
Was schreibe ich nun in den Kalender?

23.7.2019 Geburtstag 65. Schaffe ich das? Oder - Ich schaffe das! Aber ich bin doch Optimist! Ist also keine Frage!

65 - ich schaffe das!

Ich danke euch allen für die vielen guten Wünsche zum Geburtstag!

4.8.2018

Was für ein Tag

Die Maske sitzt, ich sitzliege bequem in meinem Bett, nur die Füße sind zugedeckt. Die Fenster sind weit auf, die Tür auch und ganz leicht streicht ein Windhauch über meinen Körper. Es ist Samstag, halb eins in der Nacht und ich weiß, ich werde gleich gut schlafen. Es wird gut auf mich aufgepasst und ich kann ganz ruhig ins Land der Träume verschwinden. Gute Nacht!
Am frühen Morgen schließt der Pfleger die weit geöffneten Fenster, denn es ist sehr windig geworden. Ich sage doch, es wird gut auf mich aufgepasst.

Nach der Morgenpflege fahre ich in den Garten. Es ist schon schön warm. Andere stöhnen darüber, aber ich muss ja auch nicht arbeiten. Dies ist mein Sommer!
Leichte Bewölkung ist am Himmel zu sehen, aber die wird bald von der Sonne weggebrutzelt werden und ein strahlend blauer Himmel bleibt übrig.
Ich fahre auf den schattigen Platz am kleinen Wasserlauf. Hier steht in diesem Jahr eine Sonnenblume. Eine sehr große Sonnenblume, an die drei Meter und die Blüte groß wie ein Tortenboden. Der Samen stammt wohl von dem Vogelfutter im Winter. Und nun streckt sie ihren großen Blütenkopf der Sonne entgegen.
Ich stelle den Rollstuhl bequem ein und - genieße. Langsam kommt die Sonne weiter über das Dach und der Kopf der Sonnenblume leuchtet in einem satten Gelb. Bald sitze ich auch in der Sonne und suche den Halbschatten unter dem Ahorn.
Eine Amsel raschelt durch die Sträucher auf der Suche nach etwas Fressbarem. Ein Jungvogel hüpft bettelnd hinter ihr her, wird aber nicht beachtet.
Irgendwann gibt er auf, hüpft in den Bach und planscht heftig herum, um sich dann auf einem Stein auszuschütteln. Ich sehe dem Ganzen amüsiert zu und träume vor mich hin.
Plötzlich eine Schrecksekunde. Irgendetwas "fällt" auf meinen Arm. Ich mache die Augen richtig auf und sehe hin. Der Jungvogel sitzt auf meinem Arm und scheint mich mit seinen schwarzen Knopfaugen anzusehen. Was so ein Tier wohl wirklich sieht? Mich als Mensch? Oder bin ich irgendein Stück Gartendeko? Egal. Er fängt an sich zu putzen und hüpft dabei etwas auf meinem Arm herum. Das krabbelt und piekst etwas und mein Grinsen wird breiter.
Als er fertig ist, sitzt er noch eine Weile und ruht sich aus. Wir ruhen uns aus. Irgendwann geht der Piepmatz in Startposition, schlägt ein paar Mal probeweise mit den Flügeln und fliegt schließlich wieder weg.
Warum ich das so ausführlich beschreibe? Ich will zeigen, dass mich solche Kleinigkeiten innerlich so zufrieden und glücklich machen. Darum komme ich meistens sehr gut zurecht mit diesem Leben, dem ein so riesiger Stein in den Weg gelegt wurde. Aber in die Hände gespuckt, Vertrauen gefasst und anfangen, den Stein wegzuschieben. Millimeter für Millimeter. Und wenn ich es nicht schaffe, den Felsbrocken aus dem Weg zu schieben, vielleicht kann ich doch wenigstens verhindern, dass er mich überrollt.

5.8.2018

Konzert

So langsam ist es ja schon Tradition - ein Konzert Anfang August. Dieses Mal ist es das Niederländische Jugendstaatsorchester. Puh, was für ein langes Wort.
In diesem Jahr haben wir ja einen richtigen Sommer, aber heute ist es etwas "kühler". Die Temperaturen bleiben unter 30 Grad und so ist es in der Halle mit knapp 30 Grad gut auszuhalten.
Was für eine Freude. Man hat uns tatsächlich drei Plätze in der ersten Reihe reserviert. Zu erkennen an den Zetteln "Reserviert", zwei auf Stühlen und einen auf dem Boden daneben. Perfekt.
Das Orchester besteht aus etwa 80 jungen Musikern, die in der Zeit ihres Aufenthalts in Lengericher Gastfamilien untergebracht sind.
Als erstes wird ein Stück von Ravell gespielt, dem man den spanischen Einfluss anmerkt. Schwungvoll, laut, leise, alles spielen die jungen Musiker mit sichtlicher Freude und Elan. Ich kann die Musik wieder hören und mit dem ganzen Körper spüren. Die Töne durchdringen mich, bringen ihn zum Schwingen.
Das zweite Stück ist von Salieri für Oboe und Querflöte und Orchester. Die zwei jungen Frauen begeistern mich. Mit welcher Virtuosität und Begeisterung sie spielen, überträgt sich schnell auf das Publikum und natürlich auf das Orchester.
Ich schließe ja gerne mal die Augen, um die Musik richtig spüren zu können. Das geht hier nicht. Ich muss einfach in die Gesichter und auf die Hände der beiden Solistinnen schauen.
Der Applaus am Ende des Stückes zeigt deutlich - nicht nur ich bin begeistert.
In der folgenden Pause mischen sich die Musiker unter das Publikum.
Nach der Pause gibt es noch einen musikalischen Hörgenuss. Prokofjews Romeo und Julia. Neben den Streichern und Bläsern sind es die jungen Musiker an den Rhythmusinstrumenten, die dem Stück das richtige Leben geben - Pauke, Triangel, Xylophon, Trommel, Becken und anderes.
Stehender Applaus ist der Lohn.
Aber es gibt auch eine Zugabe, das gleiche Thema nur ganz anders umgesetzt. West-Side-Story. Man sieht regelrecht die jungen Menschen auf den Dächern tanzen.
Recht beschwingt fahren wir zurück zu mir. Es ist noch immer sehr warm und die Fenster sind weit offen. So hören wir auch noch, dass vor der Gempthalle die Musik weitergeht. Einfach so werden ein paar schwungvolle Stücke gespielt.

Ein schöner Tag geht zu Ende.

19.8.2018

Etwas Melancholie, aber nur wenig

Man spürt es deutlich - der Sommer neigt sich dem Ende zu. Die Tage werden deutlich kürzer, im Garten verändert sich die Stimmung. Zwar ist es noch angenehm warm, aber es riecht anders, das Licht ist weicher, es fühlt sich einfach anders an.
Ich habe die Wärme, die Hitze bisher sehr genossen, doch dadurch wurden andere Aktivitäten fast unmöglich gemacht. Aber ich will nicht meckern, dieser Sommer war bisher meiner.
Trotzdem habe ich heute einen Tag, an dem mir die Tränen in den Augen stehen. Warum? Es gibt keinen richtigen aktuellen neuen Grund. Ich fühle mich allein, mir fehlt die ungezwungene Spontanität im Leben, die nicht mehr möglich ist. Nähe, singen, lange Spaziergänge am Strand......
So, nun ist Schluss mit dem selber Bedauern. Da wird man ja ganz melancholisch.
DAS WILL ICH NICHT.
Also aufraffen, Krone richten und durchstarten.
Der nächste Tag fängt schon gut an, denn ich habe gut geschlafen. Zwar ist der Himmel grau, aber richtig kalt ist es nicht. Na ja, Handwärmer könnte ich schon wieder gebrauchen bei meinen ewig kalten Händen. Im Zimmer sind es gegenwärtig 25 Grad und trotzdem sind Hände und Füße eher Kühlgeräte als Wärmespender. Ich sage ja, der Winter lässt grüßen. Och nee!
Ich bin heute wie ausgewechselt. Ich habe ausgesprochen gute Laune und habe wieder Oldies laufen. Und ich muss einfach schreiben. Da bin ich also doch noch spontan, wenn auch in kleinem Rahmen. Aber immerhin.

10.9.2018

8 Jahre

Ja tatsächlich, 8 lange Jahre ist es jetzt her, seit ich die endgültige Diagnose erhalten habe. Nein, das ist nicht ganz richtig, es muss heißen, w i r haben die Diagnose erhalten.

Viel ist in dieser Zeit passiert, mit uns, um uns herum. Wir haben uns verändert, waren schwach, aber die Zeit und die Umstände, die das Leben uns aufgebürdet hat, haben uns sehr stark gemacht. Wir wollten nicht einfach aufgeben, denn wir wollten leben. So komisch es sich anhört, aber ich habe da fast den einfacheren Part. Ich war und bin ja die arme Kranke. Ich wurde bedauert, was ich aber gar nicht wollte. Die meisten Menschen wussten nicht, wie sie auf uns zugehen sollten, wie sie mit uns sprechen sollten. Wir haben zwar immer wieder gesagt:" Ganz normal. " Aber die wenigsten haben das geschafft. Ich muss allerdings gestehen, ich wüsste nicht, wie ich mich verhalten würde, könnte.

Aber ich konnte nicht davor weglaufen, in wörtlichem und übertragenem Sinne. Jürgen hätte davon laufen können, hat es aber nicht. Er hat sich der Verantwortung gestellt.

Das hätte ihn fast vollständig aufgefressen, kaputt gemacht und gesundheitlich ruiniert. Niemand kann das über Jahre allein stemmen - 24 Stunden am Tag, Tag für Tag, für Tag, für Tag, für Tag.....

Ich bin zufrieden mit mir, wie ich jetzt noch leben kann; wir noch leben können. Wir drei, Jürgen, Sophie und ich haben genügend Freiräume, um Kraft für uns zu haben, füreinander da zu sein.

12.9.2018

Lachen und Nachdenken

Wieder ein Abend außerhalb, aber heute hat es wenig mit Musik zu tun. Weit müssen wir ja nicht, nur bis zur Gempthalle. Das Kulturforum der Stadtsparkasse Lengerich hat zu einem unterhaltsamen Abend mit dem Kabarettisten Thomas Philipzen von der Gruppe Storno eingeladen.

Es ist freie Platzwahl und es stehen schon viele Leute vor der Tür. Aber wir werden durch eine Seitentür hereingelassen und entgehen so dem Gedränge. Man hat uns einen Platz in der 6. Reihe zugewiesen, wo der Rollstuhl gut steht und andere nicht behindert werden. Schönes Wortspiel mit Rollstuhl und behindert.

Der Künstler ist bei den letzten Vorbereitungen und wir drei werden launig begrüßt. Sehr sympathisch. Jetzt dürfen auch die anderen Zuschauer herein und die stürmen die Reihen. Nach kurzer Ankündigung durch den Bürgermeister geht es endlich los.

Das Programm ist breit gefächert. Neben Donald Trump, der argumentstark und ahnungslos wie ein Pubertierender, die Haare auch immer scheiße hat, werden Erdogan und auch die AfD, die Grünen und andere, auch wir alle, aufs Korn genommen. Ganz Aktuelles, aber auch weit zurückliegende Themen aus seinen 25 Jahren Bühnenprogramm werden aufgegriffen. Es gibt viel zu lachen, aber ab und zu bleibt einem das auch im Halse stecken.

Der Kabarettist spielt mit dem Publikum, geht auch mitten hinein und pickt sich einzelne heraus, die ein wenig für kleine Scherze herhalten müssen.

Durch sein jungenhaftes, schelmisches und Grimassen schneidendes Auftreten zieht er sein Publikum immer wieder in seinen Bann.

"Wo wir jetzt mal unter uns sind und Sie noch etwas Zeit haben? Da muss ich Ihnen unbedingt noch was erzählen. "sagt Philipzen und lässt sich auf einer Kiste am Bühnenrand nieder.

Dann hüpft er wieder wie ein Flummi über die Bühne oder begleitet sich bei einer Gesangseinlage selbst.

"Ich stamme ja aus Paderborn. Das war mir dann aber zu katholisch und ich bin deshalb nach Münster gezogen. " sagt er und geht ins Publikum. "Wo kommst Du her? " "Aus Brochterbeck. " "Habt Ihr da auch schon Strom? " sagt er und ist vom Zuschauerraum wieder auf die Bühne.

Die Zeit verfliegt wie im Fluge. "Wenn Ihr jetzt nach Hause fahrt, dann müsst Ihr keine Angst haben. Die Kirche hat ja inzwischen tatsächlich auch bestätigt, dass die Erde eine Kugel ist und keine Scheibe. Hinter Brochterbeck fallt Ihr nicht runter. Ihr könnt ruhig weiterfahren. "

Die Zeit ist wie im Fluge vergangen. Man kann wahrlich nicht alles behalten, aber das eine oder andere fällt einem später wieder ein und man hat wieder etwas zu lachen.

16.9.2018

Etwas Gold

Es ist Sonntag, es ist schönes Wetter und ich bin frühzeitig mit der Morgenpflege fertig.

Mit der Kirche habe ich ja eigentlich nicht mehr so viel zu tun, dafür bin ich zu sehr enttäuscht worden. Aber heute will ich doch noch einer Tradition folgen.

Im April 1968 wurde ich hier in der Stadtkirche konfirmiert. Das war Tradition, das gehörte sich einfach so. Im zweijährigen Konfirmandenunterricht wurde viel aus der Bibel zitiert und interpretiert, der Katechismus war das Lehrbuch. Lieder mussten wir auswendig lernen.

Mein Vater hat sich eigentlich nie eingemischt, wenn es ums Lernen ging. Eines der wenigen Male, wo er sich eingemischt hat, war eine Sache im Konfirmandenunterricht. Wir sollten ein Lied mit 12 langen Strophen auswendig lernen. Habe ich auch gemacht. Ich kam als letzte dran und es holperte etwas bei der 12. Strophe. Der Pfarrer war ziemlich sauer und verdonnerte mich dazu, das komplette Lied zehn Mal abzuschreiben. Uff.

Ein paar Tage später fing ich an. Habe wohl etwas gemeckert. Wollte ich doch im Garten helfen. Da ist mein Vater sauer geworden, nicht auf mich, auf den Pfarrer. Ich glaube, der Krieg hat dazu geführt, dass er der Kirche kritisch gegenüber stand. Jedenfalls nahm er mein Heft und schrieb etwas hinein. sinngemäß so: Ich habe meiner Tochter untersagt, die Strafarbeit zu schreiben. Im Konfirmandenunterricht sollte sie lernen, was Kirche und was Glaube sein kann. Die Bibel kann man lesen, ein Lied kann man singen und den Text kann man aus dem Gesangbuch entnehmen. Das muss man nicht alles auswendig lernen. Unterschrift. Bei der nächsten Unterrichtsstunde habe ich das Heft vorgelegt und - es unkommentiert zurückbekommen. Ja, wir waren kritisch der Kirche gegenüber.

Aber jetzt sind wir 50 Jahre weiter und ich immer noch sehr kritisch. Aber ich bin gespannt wer alles kommen wird. Ich werde ziemlich enttäuscht. Von meiner Gruppe haben sich lediglich zwei weitere Mitstreiter eingefunden. Lediglich 17 von etwa 130 sind heute hier. Es scheint, die Kirche wird allgemein nicht mehr so einfach unkritisch hingenommen.

Wir 17 plus Sophie und Jürgen, der den Rollstuhl fährt, ziehen hinter der Pastorin in die Kirche ein. Die ersten Reihen sind für uns reserviert und ich stelle mich rechts seitlich davor. Inzwischen habe ich die Steuerung selber übernommen. Wir reihen uns vor der Gemeinde auf und werden einzeln vorgestellt. Es wird gesungen, gebetet und die Predigt wird gehalten.

Zum Schluss werden alle zum Abendmahl gebeten. Sophie und Jürgen stehen neben mir in dem großen Kreis. Da ich ja nicht essen und trinken kann, tunkt Jürgen die Oblate in den Traubensaft und benetzt damit meine Lippen und isst dann die Oblate.

Wir Goldkonfirmanden stellen uns wieder auf, werden einzeln gesegnet. Schließlich ziehen wir auch wieder gemeinsam aus der Kirche aus. Draußen wird noch ein Foto gemacht und dann gehen wir. Es wird zwar noch ein weiteres Programm angeboten, aber das kann ich sowieso nicht richtig wahrnehmen - Mittagessen, Kaffeetrinken und Unterhaltung. Kann ich sowieso nicht und ehrlich gesagt, habe ich auch kein Interesse, mich mit diesen eigentlich fremden Menschen auseinanderzusetzen. Da gehen wir lieber in den Garten und setzen uns in die Sonne. Jedenfalls Sophie und ich. Wir haben uns immer was zu erzählen. Ich ohne Worte, aber wir verstehen uns und haben viel zu lachen.

Während Jürgen also Tee für mich holt, halten Sophie und ich die Gesichter in die Sonne und haben unseren Spaß.

Die Beiden sind jetzt weg und ich mache Pause. Ein doch etwas besonderer Tag.

21.9.2018

Wie habe ich doch die letzten paar Tage Sommer genossen. Der Garten war einmal mehr mein Wohnzimmer. Jetzt kommt sie wieder, diese Heizungsluft und Frierzeit, Dunkelheit und Nebelkälte. Wenn ich jetzt aus dem Fenster sehe, fangen die Bäume doch wirklich an, sich zu verfärben.

Ich sollte also nicht alles so grau und negativ sehen. Das bunte Laub leuchtet auch bei grauem Himmel und ich liebe den Wind, der an den Blättern zerrt, der die Wolken über den Himmel jagt. Lichter, die sich in der Nässe spiegeln, warmes Licht von meinen Lampen im Zimmer, Regen, wie er an die Fenster klatscht und nicht zuletzt den Schnee, der herabsegelt, alles mit einem weißen Tuch zudeckt und die Welt angenehm still macht. Pst, wenn man genau zuhört, kann man ihn fallen hören.

Heute regnet es und der Wind treibt die Tropfen gegen die Fensterscheiben und sie rinnen daran hinunter wie meine Tränen. Ja, im Moment kullern mir zwischendurch immer wieder mal ein paar Tränen herunter.

Etwas Natürliches passiert jetzt, etwas was zum Leben dazugehört. Der Tod. Nein, nicht meiner, der ist akzeptiert und macht mir keine Angst. Aber wenn die eigene Mutter stirbt, dann ist das etwas, das berührt. Man kann natürlich sagen, fast 92, das ist wahrhaftig genug, aber die Mutter bleibt eben die Mutter.

Als mein Vater vor 22 Jahren starb, das war so unerwartet, so unwirklich, irgendwie nicht wahr. Und doch greifbar. Jetzt bin ich lange darauf vorbereitet, ist Mutter doch schon lange schwer krank. Aber jetzt will sie nicht mehr kämpfen. Der Krebs hat große Teile ihres Körpers befallen. Sie hat noch alles mit dem Arzt besprochen. Jetzt bekommt sie nur noch Morphium und sonst nichts. Sie kann weder essen noch trinken, schläft nur noch und wartet darauf, endlich gehen zu dürfen.

Ich habe sie seit Jahren nicht mehr gesehen oder gesprochen. Als ich noch sprechen konnte, hat sie am Telefon immer nur geweint und ich habe sie nur traurig gemacht. Irgendwann waren wir beide auch schwach, dass wir uns auch nicht mehr besuchen konnten. 600 Kilometer ein Weg sind auch nicht mal eben kurz gefahren.

Jetzt halten mich meine Schwester und mein Schwager auf dem Laufenden, denn sie kümmern sich seit dem Tod meines Vaters um sie.

02.10.2018

Am Dienstag war ja ein sch...lechtes Wetter und wir sind dann auch ziemlich nass geworden. Es war die Beerdigung meiner Mutter. Da Badenweiler ein bisschen weit weg ist, ich aber doch Abschied nehmen wollte, sind wir zur Kapelle im Haus Widum gegangen. Dort war es still, eine Kerze brannte, wir konnten innehalten und Abschied nehmen. Die Tränen kullerten und das tat gut, war erleichternd.

Ich weiß gar nicht, wie lange wir dort waren, aber diese Zeit war sehr wichtig. Als wir wieder nach draußen kamen, hatte der Regen aufgehört und es kam dann die Sonne wieder zwischen den Wolken hervor.

14.10.2018

Trübe

Es gibt einfach Zeiten, da möchte ich mich einrollen, die Decke über den Kopf ziehen und nichts mehr hören und sehen, nicht mehr atmen, nicht mehr sein. Wozu noch? Hat noch irgendwas Sinn? Für wen?
In mir bröckelt es, die soliden Grundmauern haben Risse bekommen und irgendwie gerät alles in Schieflage. Ich verspüre keine Wärme, keine Nähe. Distanziertheit und Ungeduld, das meine ich zu spüren.
Die Sorgen und Nöte meiner Mitmenschen kreisen in Endlosschleife in meinem Kopf. Aber nichts mehr wissen und nur dümmlich durch den Tag zu schnarchen, das will ich in keinem Fall. Das ganz normale Leben eben.
Was soll ich nur machen? Ich bin im Moment so unsicher.
Ich klage ja auf hohem Niveau, aber dem eigenen Ende steuert man ja üblicherweise nur einmal entgegen. Das kann man so schlecht üben. Dabei ist es ja eigentlich nicht ganz richtig so, das Leben davor, das macht Sorgen. Wie komme ich denn jetzt bloss von diesen trüben Gedanken los? Sehe das Glas wieder halb voll und nicht zu neun zehntel leer?

97

Ein Zoobesuch, sonst ein Garant für gute Laune - dieses Mal nicht. Ich scheine gar nicht richtig da zu sein. Die Pinguine, ganz nahe, können den inneren Knoten nicht entwirren. Traurig sitze ich später weiter grübelnd im Zimmer. Allein Musik kann die Rauhheit des Knotens ein wenig glätten.
Ich kann nicht den Kopf in jemandes Schoss legen und dort versuchen, die innere Mitte wieder zu finden. Aber Musik nimmt mich in die Arme, umfasst mich, hält mich, lässt mich schwimmen und nicht ertrinken.
Kann man sich vornehmen gute Laune zu haben? Ich habe festgestellt, das hilft vielleicht etwas, aber ausschlaggebend ist das nicht.
Ich setze mich schon mal im Garten in die Sonne. Das ist ja schon mal ein Anfang. Wir gehen dann auf den Römermarkt. Da ist auch Flohmarkt. Da habe ich früher immer alles ansehen wollen, einfach nur ansehen. Das ist jetzt schwierig, fast unmöglich.

Warum nur fallen mir momentan nur all die Dinge ein, die ich nicht mehr kann, Dinge, die ich vermisse? Habe ich mich selbst betrogen? Vielleicht, ich habe meinem Leben aber auch einen anderen Sinn gegeben. Hilfe für andere sein, meine Gedanken für andere öffnen und damit das schwere Leben etwas leichter machen.
Aber irgendwie ist mir der Sinn dafür abhandengekommen. Aber, aber, aber, gerade jetzt merke ich - es hilft wieder. Ich muss schreiben, schreiben und schreiben. Schlechte Laune vergehe!
Vor meiner inneren Nase rieche ich gebratenes, knuspriges Hähnchen. Lecker. Ich muss jetzt erst einmal in Gedanken etwas davon essen. Pause.
Der nächste Tag. Heute soll es noch mal schön werden. Mitte Oktober und 24 Grad. Verrückt. So sehr ich die Sonne genieße, aber jetzt freue ich mich fast auf die dunkle Jahreszeit. Es kribbelt in mir - ich kann und will schreiben! Musik soll mich dabei begleiten.

Gerade hat Dagmar angerufen und ausrichten lassen, sie ist krank und kann nicht kommen. Ooooch schade, aber es nützt ja nichts. Ich hatte mich so auf sie gefreut. Dagmar tut mir immer so gut und versteht mich, auch ohne Worte. Sie hilft mir, mich besser zu verstehen. Energien zu schöpfen und neue Kraftquellen zu erschließen. Aber jetzt geht die Gesundheit vor.
Was will ich eigentlich noch schreiben? Ehrlich gesagt, ich weiß es nicht. Aber ich sitze vorm Computer die Tastatur vor mir und irgendwann fangen meine Augen die ersten Buchstaben ein. Irgendwie geht es fast von allein. Wenn ich eine Pause einlegen muss weil die Augen ermüden und hin und her wandern, bin ich sauer über die Zwangspause.

20.10.2018

Übel

In der Nacht schlafe ich schlecht. Zwar bekomme ich gut Luft, aber irgendeine innere Unruhe ist das in mir. Ich kann das gar nicht richtig beschreiben, irgendwie als wenn ein Männchen in meinem Körper herumrennt, einen Schreibblock vor der Nase und ständig murmelt: "Irgendwas habe ich vergessen. Was war das nur? Wenn ich nur wüsste was das war! "
Ich schwitze. Na, besser als wenn mir kalt wäre.
Inzwischen ist es früher Morgen und Michaela gibt mir die Medikamente und hängt das Wasser an. Das Männchen in mir wird langsam hektisch und hat schon viel auf seinem Block stehen. Eine leichte Übelkeit steigt in mir hoch. Geht aber noch.
Mir wird aus dem Bett geholfen und dann sitze ich auf der Toilette. Jetzt ist mir richtig schlecht. Wenn ich richtig aufstoßen könnte! Kann ich aber nicht.
Mir läuft der Speichel aus dem Mund, die Nase läuft und es hängt als lange, zähe Fäden herunter. Mein Kopf ist so schwer und nur die Halskrause verhindert, dass er ganz auf die Brust sinkt.
Trotz allem gelingt das mit dem Stuhlgang. Das hat aber zur Folge, dass es jetzt auch noch furchtbar stinkt wie es eben bei Sondenkost so ist. Das wiederum fördert nicht gerade mein Wohlbefinden.
Zähneputzen, das geht einigermaßen, aber das Ausspülen misslingt völlig. Die Nase tropft, der Speichel läuft aus dem Mund und die Augen tränen. Aber ich merke wie etwas in mir aufsteigt - ein überaus geräuschvoller Rülpser von ganz tief unten und darauf folgend ein regelrechter Strahl aus dem Mageninneren. Es ist wie eine Erleichterung. Einige Male kommt jetzt noch ein Würgen mit etwas Inhalt und dann ist es vorbei.
Das war sehr anstrengend und ein Schweißfilm überzieht meinen Körper. Aber ich werde ja sowieso gleich geduscht.
Ich bin eigentlich jetzt schon fix und fertig und würde mich am liebsten einfach hängen lassen. Das könnte aber zur Folge haben, dass ich vom Stuhl rutschen könnte und auf dem Boden lande. Das könnte dazu führen, dass ich mich im Krankenhaus wiederfinde. Keine wirkliche Option. Also, Zähne zusammenbeißen und durchhalten.
Das gelingt auch, selbst beim Anziehen stehe ich wieder kurz auf meinen eigenen Beinen.
Als ich dann auch endlich passend im Rollstuhl sitze, bin ich fix und alle. Ich kann jetzt nichts essen. Dazu reicht die Kraft nicht aus. Mir ist zwar nicht mehr schlecht, aber es geht einfach nicht. So lasse ich mir nur ein Gemisch aus Tee und Sondenkost anhängen, ein Handtuch umhängen, falls es sich mein Magen doch noch wieder anders überlegt und will dann nur noch meine Ruhe.
Was ich gar nicht mehr auf dem Schirm habe - heute kommt Frau Dr. Apelt. Ich habe also eine halbe Stunde Pause gemacht, da kommen sie im Doppelpack - Frau Dr. Apelt und Jürgen. Ich bin aber schon wieder so weit erholt, dass ich die Augen aufmachen kann und aufnahmefähig bin.
Es wird wieder ein informatives Gespräch, aber ich muss zugeben, nach einer Stunde habe ich Mühe, die Augen aufzuhalten und mich zu konzentrieren. Den

Rest des Tages verbringe ich mit meist geschlossenen Augen. Der Magen gibt Ruhe, dennoch rutschen die Nudeln am Abend noch nicht so richtig.
Mein Bett ruft zeitig. Gute Nacht und Magen, gib Ruhe, denn etwas Anderes kann ich gar nicht gebrauchen!

Angekommen

Ich bin überzeugt - es gibt eine Seele. Die Seele stelle ich mir als einen Teil des unermesslichen Universums vor, der dann als ein Teil von uns in unserem Körper wohnt. Man kann sie nicht sehen, nur fühlen. Sie füllt uns, umhüllt unser Innerstes, gewährt uns etwas, was man nicht benennen kann, nicht mit dem Verstand begreift, nur mit dem Herzen.

Stirbt ein Mensch, so geht die Seele wieder in die Unendlichkeit des Universums ein, geht aber nie verloren.

Vielleicht ist ja der Punkt auf dem Flügel des Schmetterlings ein Teil einer Seele, denn die Erde ist auch ein winziger Teil des Ganzen. Ich finde den Gedanken tröstlich.

Bitte ich das Universum um etwas Kraft und Beistand - so bekomme ich das.

Der Tod ist also nicht der Verlust der Seele, sondern vielmehr ein Ankommen in der Unendlichkeit.

Eigentlich ist der Tod nur für die Menschen, die zurückbleiben, mit Trauer, Tränen und Verlust verbunden. Zumindest sehe ich das so für mich. Jetzt bin ich traurig. Wieder ist ein Mensch, der mir nahe steht, aus meinem Leben verschwunden. Zumindest der sichtbare Teil. Im Herzen bleiben sie alle lebendig!

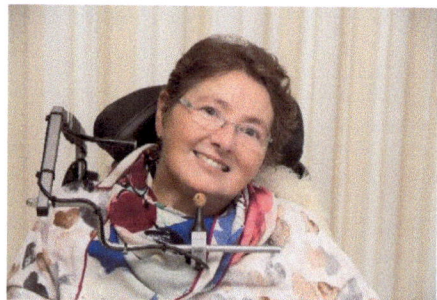

Sollte noch Jemand Kontakt mit mir aufnehmen wollen:

christelimnorden@yahoo.de